國中國文章法教學

仇小屏
黃淑貞 合著

總　序

近年來，教育當局在國文教材上作了最大改變的，算是廢除國立編譯館的唯一標準本，而開放為各具特色的「一綱多本」。為了適應這種巨大改變，做人老師的，不僅要調整教法，也要改進評量，尤其是面對學生的升學，更需要兼顧各本教材，取長補短，作一番統整的工夫，以免顧此失彼。

要統整「一綱多本」的教材，靠的不是課文的多寡，而是「能力」。這個「能力」，就其主要者而言，除關涉文章之義旨（主旨的顯隱、安置與材料的使用）外，還涵蓋了語法之剖析（文法）、字句之鍛鍊（修辭）、篇章之修飾（章法）、文章之體性（風格）及作文（傳統式作文與限制式寫作）、課外閱讀等。而其中的任何一種「能力」，都可以用不同的教材予以培養；換句話說，這種「能力」，是能夠拿任何一篇、一段、一節（句群）的課外文章來進行評量的。這樣，教師就可以將任何一課「課文」當作「手段」來看待，所謂「得魚而忘筌」（《莊子・外物》），而「課文」就是這個「筌」、「能力」就是那個「魚」了。

以上各種「能力」，是完全配合辭章學的內容的。而所謂辭章學，乃結合「形象思維」與「邏輯思維」所形成。一般說來，這兩種思維，各有所主：如果是將一篇辭章所要表達之「情」或「理」，訴諸各種偏於主觀之聯想，和所選取之「景（物）」或「事」接合在一起，或者是專就個別之

「情」、「理」、「景」（物）、「事」等材料本身設計其表現技巧的，皆屬「形象思維」；這涉及了「立意」、「取材」與「措詞」等問題，而主要以此為研究對象的，就是詞彙學、意象學與修辭學等。如果是專就「景（物）」或「事」等各種材料，對應於自然規律，結合「情」與「理」，訴諸偏於客觀之聯想，按秩序、變化、聯貫與統一之原則，前後加以安排、佈置，以成條理的，皆屬「邏輯思維」；這涉及了「運材」、「佈局」與「構詞」等問題，而主要以此為研究對象的，就字句言，即文（語）法學；就篇章言，就是章法學。至於合「形象思維」與「邏輯思維」而為一，探討其整個體性的，則為主題學、文體學、風格學等。而以此整體或個別為對象加以研究的，則統稱為辭章學或文章學。所以由此提煉出各種「能力」，是最為基本、直接而周遍的。

有鑑於此，早在民國八十九年的暑假，便為了替高中「一綱多本」國文教材編一套以「能力」為本位的書，提供高中教師作教學之參考，曾邀集了一組專家學者、高中教師共同來參與這個工作，並且商定這套書的總名為「高中一綱多本國文教材點線面系列」，而內含八本，由不同的人來撰寫，且已依序出版，受到許多高中教師的肯定。因此這次又邀集了一組專家學者、教師共同來編「國中一綱多本國文教材點線面系列」的六本書。這六本書的性類與負責者，依序是：

一、國中國文義旨教學：由陳佳君老師（博士生、小學教師）負責。

二、國中國文文法教學：由楊如雪副教授（台灣師大國

文系）負責。

三、國中國文修辭教學：由張春榮教授（國立台北師院語教系）負責。

四、國中國文章法教學：由仇小屏助理教授（國立成大中文系）、黃淑貞老師（博士生、國中教師）負責。

五、國中國文現代文學教學：由潘麗珠教授（台灣師大國文系）負責。

六、國中國文教學評量：由鄭圓鈴助理教授（台灣科大共同科）負責。

這六本書，都兼顧理論與實際，除了安排「總論」加以介紹外，均分別舉一些「一綱多本」重要課文的實例，輔以各種活動，作充分說明，務求凸顯各種「能力」，使讀者一目瞭然。如此以「能力」為本位，從各角度來統整各本教材，相信對國中的國文教師的教學與學生的學習而言，是會有極大助益的。

看到在大家的努力下，這六本書終於將陸續出版，和讀者見面，感激之餘，特地將本套書撰寫的用意與過程，作一概述，聊以表達慶賀的意思。

民國九十二年十二月十二日

陳滿銘 序於台灣師大國文系 835 研究室

序　例

一、本書所分析之文章,以一綱多本國中國文課文為範圍。

二、鎖定章法為本書重心,乃是因為章法是解讀課文極為重要的一環;而解讀課文又是一切教學活動開展的核心。

三、本書章節之安排,首為「章法簡介」,從國語文內涵切入,介紹章法學在其中的地位與價值,以概覽章法之全貌;次為「章法教學簡介」,說明如何進行章法教學;再次是以數類章法為綱:「知覺類」、「空間類」、「時間類」、「正襯類」、「反襯類」、「虛實類」、「因果類」、「凡目類」,將課文分門別類歸入,進行章法分析,並畫出結構分析表,而且每類章法最末都有閱讀教學與寫作教學示例,以便於教師使用。

四、在閱讀教學與寫作教學示例部分,力求「有益」及「有趣」,以矯正以往國語文教學偏於記誦,而現今又流於輕鬆卻空洞的弊病。

五、各章節中所分析之國中國文課文,如果未涉及版權問題者,均附原文,以便與章法分析互為參見;若是涉及版權問題者,為避免困擾,皆略去原文,請讀者自行參閱課本課文。

六、在工作分配方面:「章法簡介」、「章法教學簡介」由仇小屏執筆;「各類章法概說」、「課文分析」、「延伸教學」等部分,由黃淑貞執筆,仇小屏校閱。

七、承蒙　陳滿銘老師多所指點，本書始能順利完成；此外
　　各類章法之中的學生實作部分，是由台北市明德國中沈
　　純如老師、陳淑卿老師指導寫作，在此致上誠摯的謝
　　意。

二〇〇四・七

目　錄

~❀~ 第一章 ~❀~

章法簡介

本章節是從「國語文內涵概說」切入，做宏觀的察考，從中得知「章法」不可或缺、不可忽視的重要地位；接著才是針對章法作一概說，一覽章法學的全貌。這樣由「全（國語文內涵）」而「偏（章法）」地掌握，相信能將章法的價值彰顯出來。

㈠國語文內涵概說

整體說來，國語文學科所需具備的能力，可以分成三個層次加以論述：「一般能力」、「特殊能力」、「綜合能力」。

1. 一般能力

所謂的一般能力，正如彭聃齡主編《普通心理學》所言：「一般能力指在不同種類的活動中表現出來的能力。」也就是說，這種能力不只是國語文科必須具備，從事其他學科的學習時也都需要，因此是相當基礎、運用相當廣泛的能力；細分起來，其中包括觀察力、記憶力、聯想力、想像力、思維力。

(1)觀察力

觀察力就是運用外部知覺（視、聽、嗅、味、觸）與內部知覺（內臟覺、渴覺、餓覺、性衝動覺⋯⋯等），來獲取外在世界和機體內部訊息的能力。良好的觀察力對於寫作來說是相當重要的，因為觀察是獲得說寫素材的重要途徑，也是準確生動的表達的前提。

一般而言，容易出現的觀察上面的缺失是：對事物的觀察比較粗略籠統，不夠細緻精確；往往只注意表面現象，而缺乏深入觀察的能力；只注意一般的瞭解，而缺乏重點觀察的能力；只注意個別的生動情節，而缺乏全面觀察的能力；在現場觀察時，忽而看這忽而看那，缺乏觀察的條理性（參見周元主編《小學語文教育學》）。

因此想要訓練學生的觀察能力，就可以從三個方向入手：重點式觀察、順序式觀察、比較式觀察。

(2)記憶力

記憶是人們腦部對過去經驗中發生過的事物的反映，是過去感知過和經歷過的事物在大腦留下的痕跡。作為一種心理過程，記憶是一個識記、再認和再現的過程，是人們運用知識經驗進行思考、想像、解決問題、創造發明等一切智慧活動的前提。有了記憶，人們才能積累知識、豐富經驗；沒有記憶，一切心理現象的發展都是不可能的，我們的教育與教學也無法進行。

在學習的過程中，最重要的是能夠促進「意義記憶」，亦即瞭解所學事物的意義，因此就能記得快、記得牢、記得久、記得愉悅，所記憶知識的「質」也會大幅度地提升。

(3)聯想力

聯想是指人的頭腦中的表象的聯繫，亦即一個表象的呈現，引起了其他的一些相關的表象；譬如我們看到月曆已撕到二月，就會想到冬去春來，由冬去春來又自然會想到萬物復甦，由萬物復甦又想到春景的美麗……等等。這種由一種事物想到另一種事物的心理過程就是聯想。

聯想的路徑很多，其中最重要者有三種，即「聯想三定律」：接近、相似、相反聯想。接近聯想是因為時間、空間、色彩……的接近所引起的聯想，例如由桌子想到椅子，由花想到葉，都是因為空間接近，由聖誕紅想到紅包再想到熱情的心，那是因為色彩接近。相似聯想就是由一事物的特性出發，聯想到與其特性相似的事物，例如由暴風雨想到革命（其共同的特性為摧毀、顛覆），由花想到美人（其共同的特性為美麗）。相反聯想就是由一事物的特性出發，聯想到與其表現性相反的事物，例如由暴風雨想到白鴿（暴風雨之特性為摧毀、顛覆，白鴿之特性則為寧靜、和平），由監獄想到飛鳥（監獄之特性為禁錮，飛鳥的特性為自由）。

(4)想像力

想像就是對人們腦部中已有的表象，進行重組或變造，從而產生新表象的心理過程。因此想像力的豐沛植基於兩個重要因素上：其一為腦中所儲存表象的豐富，其二為重組和變造的能力；也因為想像力是如此運作的，因此想像所得就會具有形象性和新穎性，這就是想像力迷人的地方。舉例來說，「哈利波特」童書系列中出現的「咆哮信」，就是將「信」和「生氣咆哮」重組起來，於是產生了新的表象——咆

哮信；至於童話中常出現的可怕巨人，則往往是將某些特點加以誇大（譬如粗硬的皮膚、洪亮的聲音、巨大的眼睛等），這就是經過想像力變造的結果；不過更多的情況是在想像的過程中兼有重組與變造。

想像力在語文教學中的作用非常大，就學生接收的角度而言，它可以增強閱讀教學的效果，就學生表出的角度而言，它可以提高說、寫的質量。

(5)思維力

思維靠語言來組織，思維是抽象的，藉著語言而具象化了。我們進行思考時，必須借助於單詞、短語和句子。因為思維的基本形式——概念，是用語言中的詞來標誌的，判斷過程和推理過程也是憑藉語句來進行的；也正是因為人憑藉語言進行思維，才使思維具有間接性和概括性，不再侷限於某個時空的直接感官接觸。所以思維力的鍛鍊與語言能力的進展，可說是密切相關，而且是可以互動、循環、提升的。

正因為語言與思維有著密切的關係，所以在語文教學的全過程中，都應有意識地進行思維訓練。

2. 特殊能力

彭聃齡主編《普通心理學》說道：「特殊能力指在某種專業活動中表現出來的能力。」國語文學科的特殊能力相當複雜，不過因為辭章是結合「形象思維」與「邏輯思維」而形成的，所以可以從這兩種思維切入，來對國語文學科的特殊能力作區分。

先就「形象思維」與「邏輯思維」作一點簡單的介紹：

形象思維最基本的特徵就是思維活動始終伴隨著具體生動的形象而進行，邏輯思維則是人們在認識過程中借助於概念、判斷、推理以反映現實的過程；所以前者是運用典型的藝術形象來揭示各事物的特質，後者則是用抽象概念來揭示各事物的組織。

　　作者所欲表達之「情」或「理」，是處於「發動機」的地位，表現在篇章中，是屬於「立意」的範疇，主要以此為研究對象的，是「主題學」；如果將此「情」或「理」，訴諸各種主觀聯想，和所選取之「景（物）」或「事」接合在一起，或者是專就個別之「情」、「理」、「景（物）」、「事」等材料本身設計其表現技巧的，皆屬「形象思維」；這涉及了「運用詞彙」、「取材」與「措詞」等問題，而主要以此為研究對象的，就是「詞彙學」、「意象學」與「修辭學」。如果是專就「景（物）」或「事」等各種材料，對應於自然規律，結合「情」與「理」，訴諸客觀聯想，按秩序、變化、聯貫與統一之原則，前後加以安排、佈置，以成條理的，皆屬「邏輯思維」；這涉及了「構詞與組句」、「運材與佈局」等問題，而主要以此為研究對象的，就字句言，即「文（語）法學」；就篇章言，就是「章法學」。至於合「形象思維」與「邏輯思維」而為一，探討其整個體性的，則為「風格學」（參見陳滿銘《章法學論粹》）。

　　而且從前面的論述中，還可以得出一個重要的觀念：閱讀與寫作是一體之兩面，因此就閱讀而言是主題學、詞彙學、意象學、修辭學、文（語）法學、章法學、風格學；對應於寫作而言，就是立意、運用詞彙、取材、措辭、構詞與

組句、運材與佈局、確立風格。關於這個一體兩面之辭章學
體系，我們可以用一個簡單的表來幫助瞭解：

主題學（立意）				
以形象思維為主			以邏輯思維為主	
詞彙學 （運用詞彙）	意象學 （取材）	修辭學 （措辭）	文、語法學 （構詞與組句）	章法學 （運材與佈局）
風格學 （確立風格）				

　　從這個表格裡，不僅可以見出閱讀與寫作所需具備的多
種能力，及其各司其職、相輔相成的關係，而且更可以看出
閱讀與寫作是一體的，在教學時如能作緊密的結合，造成良
性的互動、循環與提升，是最理想的狀況。

　　而且從這個特殊能力的體系中，可以窺見章法學所佔的
不可取代、不可忽視的地位；不過因為各種特殊能力都非常
複雜、包含非常多的內容，因此就無法在此一一介紹。

3. 綜合能力

　　綜合能力就是統合前面的「一般能力」、「特殊能力」而
成的能力，而且因為綜合能力是一種整體性的能力，所以在
這個層次上，才可能訓練或展現出同學的創造力。關於創造
力，一般認為一個人的創造力通常是透過進行創造活動、產
生創造產品而表現出來，因此根據產品來判定是否具有創造
力是合理的。所以，可以為創造力下如下的定義：根據一定

目的，運用所有已知信息，產生出某種新穎、獨特、有社會或個人價值的產品的能力（參見董奇《兒童創造力發展心理》）。在國語文教學當中，最能夠產生新產品、展現創造力的，那就是寫作了。

㈡章法學概說

　　從前面的辭章學體系（特殊能力）中可以得知：因為人類具有邏輯思維的能力，所以在寫作時，就自然而然地會動用這種天生的能力，去組織安排「景（物）」、「事」等材料，以便於清晰有序地傳情達意，這過程通常稱之為「運材與佈局」；如果就閱讀這面切入，則清理出創作者用來組織材料的邏輯思維，就可以知道這篇辭章的結構，並可繪成結構分析表，以便於掌握當初創作者佈局的匠心。

　　這種組織材料的邏輯思維，就稱之為「章法」，而這種邏輯思維運用在某篇辭章中，就會形成「結構」；因此「章法」與「結構」是一而二、二而一的。舉例來說，今昔法是一種「章法」，今昔法可能形成的「結構」有四：「由昔而今」（順敘）、「由今而昔」（逆敘）、「今昔今」（追敘）、「昔今昔」，楊喚〈夏夜〉和朱自清〈背影〉都運用了今昔法，分別形成了「由昔而今」、「今昔今」結構（詳見「時間類章法」）。由此可見，「章法」是通就某種邏輯思維來說，「結構」則是特就某種邏輯思維在某篇辭章中的應用來說。

　　而且依據邏輯的不同，可以將章法加以分類，目前所發現的章法有四十餘種，如今昔法、久暫法、快慢法、遠近

法、內外法、前後法、左右法、高低法、大小法、視角變換
法、時空交錯法、狀態變換法、知覺轉換法、本末法、淺深
法、因果法、眾寡法、並列法、情景法、論敘法、泛具法、
空間的虛實法、時間的虛實法、假設與事實法、凡目法、詳
略法、賓主法、正反法、立破法、抑揚法、問答法、平側
法、縱收法、張弛法、插敘法、補敘法、偏全法、點染法、
天人法、圖底法、敲擊法等（詳見陳滿銘〈論幾種特殊的章
法〉，及仇小屏《篇章結構類型論》）。

　　章法為什麼會有四十餘種之多呢？那是因為人類的邏輯
思維非常精細敏銳的關係；而且因為時代進步、萬事紛繁，
要處理事、景、情、理中種種的微妙關係，就必須動用更為
精微的邏輯思維，因此還可能不斷產生新的章法。可是儘管
如此，畢竟章法還是有常用、次常用、罕用之分，常用章法
如今昔法、遠近法、凡目法、因果法、情景法、論敘法、問
答法……等，次常用的章法如大小法、視角變換法、時空交
錯法、淺深法……等，罕用章法如平側法、縱收法、張弛
法、詳略法、眾寡法……等，所以雖然章法有四十餘種之
多，但是中學國文課文並不見得都會出現，因此教師只需透
徹瞭解常用章法，搭配一些次常用章法，應該就可以在教學
中應用裕如。

　　而且有些章法具有共通的特色，因此可以歸為一個大
類，這樣就有助於教師掌握、學生學習。所以本書中章法分
析的部分，根據國中國文課文中常用到的章法，分為「知覺
類章法」、「空間類章法」、「時間類章法」、「正襯類章法」、
「反襯類章法」、「虛實類章法」、「因果類章法」、「凡目類章

法」等八類，每一類之下統整起幾種章法，現整理如下表：

知覺類章法	知覺轉換法、狀態變化法
空間類章法	遠近法、內外法、左右法、高低法、大小法、視角變換法
時間類章法	今昔法、久暫法、問答法
正襯類章法	賓主法、並列法、平側法、偏全法、敲擊法
反襯類章法	抑揚法、立破法、正反法、張弛法
虛實類章法	泛具法、點染法、情景法、論敘法、時間虛實法、空間的虛實法、設想與事實的虛實、願望與實際的虛實、夢境與現實的虛實、虛構與真實的虛實
因果類章法	本末法、淺深法、因果法
凡目類章法	凡目法

　　期望這樣的處理方式，可以以簡馭繁，讓章法分析變得清晰而容易掌握。

∽ 第二章 ∽

章法教學簡介

　　本章節從「章法教學的重要」談起，並且落實到閱讀與寫作教學上，論述進行教學時應該注意的事項，希望能對教師進行章法教學有所幫助。

㈠章法教學的重要

　　章法與文法同屬邏輯思維，但是組織詞彙成句屬於文法的範疇，組織句子成段、成篇則是屬於章法的範疇；因此運用文法進行分析固然是非常重要的基礎工作，但是章法分析可以掌握全篇，其地位更是不容忽視。

　　章法知識運用在國語文教學中，主要從兩方面切入：閱讀教學與寫作教學。就閱讀教學而言，以章法切入，分析出範文的結構，並畫出結構分析表，可以提綱挈領，幫助同學全盤掌握範文；就寫作教學而言，因為謀篇佈局一向是同學較弱的一環，而章法知識可以幫助同學組織材料、架構全篇，對於提升寫作能力而言，裨益非淺。

　　所以不管就閱讀或寫作教學而言，章法知識都可以起著非常良好的作用；而且如果盡量做到「讀寫結合」，那麼閱

讀與寫作可以形成良性的互動、循環與提升，那更是事半而功倍。因此其下即就「章法閱讀教學注意事項」、「章法寫作教學注意事項」，分別進行介紹。

㈡章法閱讀教學注意事項

章法知識融入國語文教學中，常常可以獲致良好的效果、提升教學品質；不過，實施時如果可以注意到一些小小的技巧，將更能達成預定的目標。

1. 簡化課文分析表

要讓學生瞭解此篇作品如何佈局，最好的方式是透過結構分析表來解說，但是老師心中對範文的結構有非常清楚詳明的瞭解，卻不見得要照單全盤教給學生；因為學生畢竟程度有限、耐心不足，所以結構分析表最好不要畫得太詳細，以免學生厭倦，反而是掌握最上面一兩層結構，作提綱挈領的說明，能收到更好的效果。譬如沈復〈兒時記趣〉：

余憶童稚時，能張目對日，明察秋毫。見藐小微物，必細察其紋理，故時有物外之趣。

夏蚊成雷，私擬作群鶴舞空，心之所向，則或千或百，果然鶴也。昂首觀之，項為之強。又留蚊於素帳中，徐噴以煙，使之沖煙飛鳴，作青雲白鶴觀，果如鶴唳雲端，為之怡然稱快。

又常於土牆凹凸處、花臺小草叢雜處，蹲其身，使與臺

齊。定神細視,以叢草為林,蟲蟻為獸;以土礫凸者為丘,凹者為壑。神遊其中,怡然自得。

　　一日,見二蟲鬥草間,觀之,興正濃,忽有龐然大物,拔山倒樹而來,蓋一癩蝦蟆也。舌一吐而二蟲盡為所吞。余年幼,方出神,不覺呀然驚恐。神定,捉蝦蟆,鞭數十,驅之別院。

其結構分析表如下:

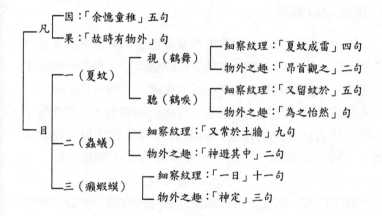

　　從這個結構分析表中,不只可以看出作者以「先凡後目」的結構來組織全篇,而且可以看出此文的綱領為「細察紋理」、「物外之趣」,所以是相當理想的。可是如果學生程度不足,對這個結構分析表的接受度不夠,也許可以簡化如下:

```
  ┌凡:「余憶童稚」六句
  │    ┌一（夏蚊）:「夏蚊成雷⋯⋯怡然稱快」
  └目─┼二（蟲蟻）:「又常於土牆⋯⋯怡然自得」
       └三（癩蝦蟆）:「一日⋯⋯驅之別院」
```

　　如此一來，結構表簡明許多，學生在接受上應該沒有問題；至於「細察紋理」、「物外之趣」這兩個綱領，可以在口頭講授時說明。

2. 配合分段精講

　　不過，因為文章的精微處畢竟要透過精密的掌握，才能透發出來，所以如果都只是簡略的統括而已，也是一個很大的遺憾。兩全其美的方法是：可以在講解某些特別重要的、精美的段落時，針對此段落畫出精緻的結構表，以帶領學生對範文進行較深度的鑑賞。就以前面所引的沈復〈兒時記趣〉為例，此文第二段運用了知覺轉換法，即由「視」而「聽」，聯繫起看夏蚊飛、聽夏蚊聲這兩件事情，因此可以指出讓同學領略，而且還可以順便教導他們有關「知覺」的知識，譬如外部知覺共有視、聽、嗅、味、觸五種，其中視覺與聽覺是最為優勢的知覺，稱為「高等知覺」或「美的知覺」⋯⋯等等。如此一來，學生既可以輕鬆地掌握全文結構，也可以針對某些段落進行較深入的鑑賞。

3. 挑選時機講授

　　講授課文結構分析表時，到底是隨講隨畫好？還是在講

解的一開始就提供？或者是講解完課文後，以結構分析表來統整？到底那一種做法的教學效果會比較好呢？其實這三種做法各有優點，因此並沒有固定的答案，老師可以依據課文的不同、學生程度的不同、個人教學習慣的不同，而採取適當的做法。

隨講隨畫的優點在於節省教學時間，而且最沒有斧鑿痕跡，等於將章法的觀念循序漸進地灌輸給學生，因此學生在不覺中就已經學習了，完全不會有加重負擔的感受；不過老師要對此篇文章的結構非常熟悉，才能夠如行雲流水般運用自如。而在講解的一開始就提供結構分析表，老師配合結構分析表來講授，那麼學生在學習的時候可說是「成竹在胸」；不過，相對的也有「對號入座」、稍嫌板滯的困擾。至於講解完課文後，以結構分析表來統整，可以收束整個範文教學，也藉此讓同學回顧整篇文章；但是缺點在於可能會讓同學有額外加重負擔的感受。

一般說來，就範文而言，篇幅短小、結構簡單的文章（特別是韻文），適合隨講隨畫的方式；至於結構特別的文章（譬如立破法最常形成「先立後破」結構，歐陽修〈縱囚論〉卻是以「破立破」佈局），則適合在一開始就提供結構分析表。就學生程度而言，程度不佳的學生，比較適合事先提供結構分析表，程度較好的同學，適合隨講隨畫的方式。因為這三種方式並沒有一定的優劣可言，所以老師可以多方嘗試，找出最適合自己、最適合學生的教學法。

4. 闡釋結構特色

若是只讓學生瞭解文章的結構，也還是不夠的，最好是能讓學生知道這種結構安排的用意為何？有什麼優點？可以帶來什麼美感？

就以前述沈復〈兒時記趣〉為例，這篇文章以「先凡後目」的結構來組織全篇，特別是主旨：「物外之趣」，和綱領：「細察紋理」、「物外之趣」都在「凡」的部分出現，因此很明顯地是運用了「演繹」的邏輯思維。這種思維的特色是先述重心、次述事例，先述重心的優點在於一目瞭然，有明朗顯豁之美，而接著所描寫的事例則是針對前面的重心，用材料予以佐證，這樣才能使讀者留下深刻的印象，增強文章的感染力。

附帶一提的是，如果所賞析的篇章篇幅較長，分析出來的結構有好幾層，那麼只需闡述其中最上層、最具特色的一兩種結構即可，這樣學生才容易接受；而且如此進行了一、兩個學期之後，不知不覺間，學生對重要的結構、章法，也就一一熟習了。

(三)章法寫作教學注意事項

進行章法寫作教學，最重要的觀念是「讀寫結合」。朱作仁、祝新華主編《小學語文教學心理學》談到「讀寫結合心理」時，說道：「作文是學生用文字符號表達自己思想情感的過程，它是發送、釋放，是外向的。閱讀則是從文字符

號中獲得意義的過程，是接受、吸收，是內向的。作文與閱讀的心理程序有著倒逆的關係，其心理歷程是相反的。」然而從另一個角度來說，閱讀與寫作也可以是互動的，因此書中也強調：「從教學實際看，學生的作文與閱讀是相互促進的。在閱讀中，學生通過具體的感性的文字材料去理解文章所要表達的思想，並不斷地從作者創作思路的『原型』中得到啟發。這就為作文準備了心理上的條件。這是一個方面。另一方面，作文能力的發展會反過來促進閱讀水平的提高。……另外，在實際作文訓練中，學生發現了自己表達方面的短處，就會更主動地去閱讀，提高閱讀的自覺性和選擇性。」所以「讀寫結合」可以讓「讀」與「寫」形成良性的互動、循環與提升。

不過，在傳統一題一篇的作文中，因為訓練的是綜合能力，因此要做到讀寫結合，通常只能從內容、主旨上著眼，譬如教過了張曉風的〈行道樹〉之後，請同學以「奉獻」、「另一種角度看世界」等為題寫作文，而章法的讀寫結合就比較難做到了。因此運用「限制式寫作」的方式來進行，是比較理想的。

「限制式寫作」在以往又稱為「供料作文」、「給材料作文」、「非傳統作文」、「新型作文」等，「限制式寫作」的名稱是由陳滿銘教授擔任召集人的「國家考試國文科專案小組」所提出的，並於九十一年由考選部編印為《國家考試國文科專案研究報告》。「限制式寫作」之所以如此定名，那是因為此類題型通常有較長的說明文字、較多的條件限制，可以說是針對所欲訓練的能力而將「遊戲規則」定得非常清

楚；不過從另一方面來說，「限制」就是「引導」，因為能針對所欲訓練的能力作出清楚的規範，那其實就是一種明確的引導，使同學不至於漫無目標、無從下手，更何況這種命題方式的題型變化繁多，如詞語訓練式、仿寫式、改寫式、續寫式、縮寫式、擴寫式、改正式、組合式、整理式、賞析式、設定情境式、改變文體式、圖表式等（詳見仇小屏、藍玉霞、陳慧敏、王慧敏、林華峰《小學「限制式寫作」之設計與實作》），很容易設計出活潑有趣的面貌，可以有效地吸引同學進行寫作，所以著眼於積極的一面，也可以稱之為「引導式寫作」。

所以在「限制式寫作」中，可以藉由匠心的設計，而針對某種章法、某種結構設計條件，要求學生寫作。不只如此，近來還發展出「限制式寫作題組」的觀念。一般而言，題組可以有兩種發展方向：「多元」或「多層」，通常所見的題組多是多元發展，多層發展就少見了，但是在「限制式寫作題組」中，強調的是多層發展。因為「限制式寫作」是以「能力」為命題依歸，但是如果這種能力的養成對學生而言有點難度，那麼以「多層題組」的方式，由淺而深、由易而難、由短而長地來引導，是很適合的，寫完一個題組後，學生的能力也就養成了，而且通常在寫作最後一個子題時，是以所鎖定的能力為主，綜合能力為輔，因此等於是同時訓練了這兩種能力。

在本書中章法分析的部分，都會延伸出閱讀與寫作教學，其中寫作教學的部分，都是運用「限制式寫作」的觀念來設計題目、引導學生。譬如在「凡目類章法」中，老師在

陳黎〈聲音鐘〉的閱讀教學中教導過「凡、目、凡」結構，因此就設計了相關的題組（包含兩小題）來指引學生寫作。第一小題是「聲音收納箱」，請同學以生活中最常聽見的一種小販的叫賣聲，做為觀察的對象，根據表格提示（也可以再加以發揮），收集資料；第二小題是「類文仿作」，請同學根據所收集的資料，自訂一個適當的題目，並依「凡、目、凡」結構，寫一篇五百字左右的文章。

　　在這次寫作中，學生表現非常投入，許多學生實地走訪傳統菜市場、夜市仔細觀察，還有人細心地以錄音機錄下了叫賣聲，連同學習單一起交了上來，還有女生鼓起勇氣，上前實地訪問這些叫賣者，聽聽他們述說叫賣的技巧與汗水背後的心情，並在學習單上附上她們與叫賣者的合照。回到教室裡，進行「類文仿作」，因為有事前的親身體驗，提起筆來，也就「有話可說」，下筆流利多了；而且整體而言，學生多能依據老師的提示，按部就班的完成，具足應該要有的結構形式。可以想見的，如果在不同種類的章法中多幾次這樣的訓練，學生寫作的「自覺」會越發敏銳，邏輯思維的能力也會更為精敏，這樣不僅有助於國語文科的閱讀與寫作，更能推擴至其他事物的學習與組織上，其影響可謂深遠。所以，整體說來，這種引導方式不僅「有趣」，而且「有益」，是最良好的狀況。

　　總之，章法教學的重要性是無庸置疑的，而且在閱讀與寫作教學中同步實施，效果更是良好。因此這塊園地值得老師們好好耕耘，假以時日，必能收穫豐碩的果實。

—— ∽ 第三章 ∾ ——

知覺類章法

(一)知覺類章法概說

知覺類章法包括知覺轉換法和狀態變化法，知覺轉換法屬於知覺類，應是毫無疑問的，而狀態的變化需要靠知覺去掌握，因此狀態變化法也屬於知覺類章法。

1. 知覺轉換法

定義：綜合運用視覺、聽覺、嗅覺、觸覺、味覺、心覺等各種知覺，來組織篇章的方法。

美感與特色：人的任何一種知覺活動，都離不開感覺。因此，人的感覺器官接收客觀世界的訊息，經過審美心理的運作後，就產生了種種的知覺美。其中，以視覺和聽覺出現的次數最為頻繁，與美的關係也最為密切，故這兩種知覺特稱為「美的知覺」。而且，各種感覺之間，也都能在審美感受中相互挪移、轉化和滲透，建立了聯繫的結果，最後匯歸為心覺，以獲得內在的統一。

2. 狀態變化法

定義：將外在世界中，萬事萬物某一狀態本身的變化，呈現在文章中的章法。

美感與特色：由於人對某一對象的某種特徵的注意越集中，在大腦皮質層的相應部位就越能引起「優勢興奮中心」，人們即可以達成有效的觀察。創作者對觀察的結果感覺到美，便會用文字準確地傳達出來，於是出現了對狀態變化的刻劃。

㈡課文分析

如張繼〈楓橋夜泊〉：

> **例文**
>
> 月落烏啼霜滿天，江楓漁火對愁眠。
> 姑蘇城外寒山寺，夜半鐘聲到客船。

結構表

```
     ┌ 高(視、聽):「月落」句
  先 ┤
  ┤  └ 低(視、心):「江楓」句
  │
  │        ┌ 遠:「姑蘇」句
  └ 後(聽) ┤
           └ 近:「夜句」句
```

說明

　　這首詩旨在抒寫羈旅之愁。一、二句描寫近景，月落寫所見，烏啼寫所聞，霜滿天寫所感，層次分明地體現出一個先後承接的時間過程與感覺過程。「湛湛江水兮上有楓，目極千里兮傷春心」（《楚辭‧招魂》），詩人藉著「江楓」這個形象給讀者一種秋色秋意、離情羈思的暗示；而星星點點的幾處「漁火」，又對周圍昏暗迷濛的背景起了襯托的作用，繼而正面點出泊舟楓橋的旅人。三、四兩句，由遠而近，將空間推移至姑蘇城外的寒山寺，再透過聽覺帶出鐘聲。「夜半鐘聲」不但揭示了夜的深永與寂寥，更加強了「愁」的況味，而詩人臥聞山寺夜半鐘聲的種種感受也就盡在不言中了。短短十四個字，佈景密度大，共綰合了六種意象，一高一低、一靜一動、一暗一明、一江邊一江上，融合了視覺、聽覺、心覺等知覺印象，不僅使舟中的旅人和舟外的景物得到一種無言的交融與契合，為讀者營造出鮮明深刻的詩意美，更著力渲染出「愁」的意蘊，拈出一篇主旨來。

　　又如徐志摩〈我所知道的康橋〉（節選）：

例文

　　靜極了，這朝來水溶溶的大道，只遠處牛奶車的鈴聲，點綴這周遭的沉默。順著這大道走去，走到盡頭，再轉入林子裡的小徑，往煙霧濃密處走去，頭頂是交枝的榆蔭，透露著漠楞楞的曙色；再往前走去，走盡這林

子，當前是平坦的原野，望見了村舍、初青的麥田；更遠三兩個饅形的小山掩住了一條通道，天邊是霧茫茫的，尖尖的黑影是近村的教寺。聽，那曉鐘和緩的清音。這一帶是此邦中部的平原，地形像是海裡的輕波，默沉沉地起伏；山巖是望不見的，有的是常青的草原與沃腴的田壤。登那土阜上望去，康橋只是一帶茂林，擁戴幾處娉婷的尖閣。嫵媚的康河也望不見蹤跡，你只能循著那錦帶似的林木想像那一流清淺。村舍與樹林是這地盤上的棋子，有村舍處有佳蔭，有佳蔭處有村舍。這早起是看炊煙的時辰，朝霧漸漸地升起，揭開了這灰蒼蒼的天幕，遠近的炊煙，成絲的、成縷的、成捲的、輕快的、遲重的，濃灰的、淡青的、慘白的，在靜定的朝氣裡漸漸地上騰，漸漸地不見，彷彿是朝來人們的祈禱，參差地暈入了天聽。朝陽是難得見的，這初春的天氣；但它來時是起早人莫大的愉快。頃刻間這田野添深了顏色，一層輕紗似的金粉糝上了這草、這樹、這通道、這莊舍。頃刻間這周遭瀰漫了清晨富麗的溫柔，頃刻間你的心懷也分潤了白天誕生的光榮。「春！」這勝利的晴空彷彿在你的耳邊私語。「春！」你那快活的靈魂也彷彿在那裡回響。

結構表

```
┌ 近（聽）：「靜極了……點綴這周遭的沉默」
│      ┌ 視：「順著這大道……是近村的教寺」
├ 先─遠┤
│      └ 聽：「聽，那曉鐘和緩的清音」
│   └ 近（視）：「這一帶是此邦……沃腴的田壤」
│   ┌ 遠（視、心）：「登那土阜上……娉婷的尖閣」
└ 後┤              ┌ 炊煙：「嫵媚的康河……翳入了天聽」
    └ 近（視、心）┤
                  └ 朝陽：「朝陽是難得見……在那裡回響」
```

說明

　　本文是徐志摩一九二五年再度旅歐重訪康橋後，於翌年元月所作。詩人在此善用知覺印象、排比句式、與文言文的形容字眼，來摹寫康橋的自然風光，為全文鋪染一層絢麗的色彩，予人一份美的享受。依時間先後的推移次序，先以聽覺、以牛鈴聲來摹寫靜極了的康橋清晨。詩人的視線追隨著腳步的挪移，由大道轉入小徑來到原野，沿途看見了榆蔭、村舍、麥田、與教堂，並由視覺帶引出曉鐘。此時詩人的眼波在遠近的瀏覽中流轉，調動了熱情的想像，畫出「全世界最秀麗的一條河」──康河的嫵媚蹤影；繼而分從視覺、心覺兩方面，來描寫炊煙與朝陽。其中，以大量的類疊、及聽覺印象來寫炊煙這一視覺印象，以「頃刻間」、「春」的多次呈現，極力表達初曉景色的瞬息變化，與清晨尋春人的歡喜心情。用字精煉，色彩瑰麗，形象鮮明，洋溢出豐富的形態

美與節奏美。

又如余光中〈車過枋寮〉：

例文

略。

結構表

```
                      ┌ 甘蔗:「雨落在屏東的甘蔗田裡」十一行
              ┌ 目 ─┼ 西瓜:「雨落在屏東的西瓜田裡」十一行
      ┌ 甜(陸)┤     └ 香蕉:「雨落在屏東的香蕉田裡」十一行
      ┤       └ 凡:「正說屏東是最甜的縣」二行
      └ 鹹(海):「忽然一個右轉,最鹹最鹹」三行
```

說明

〈車過枋寮〉依時間推移的順序,通過一個個空間形象(甘蔗田、西瓜田、香蕉田)的接續,帶出屏東的特產與風景。全詩多建立在視覺摹寫上,如第一節詩文中「雨落在屏東的甘蔗田裡」四行是「近」景,直述眼前所見之景;「從此地到山麓」三行是「遠」景,描繪甘蔗種植面積之大,詩人的視線,由近處向遠方移動。至於「長途車駛過青青的平原」二行,視線又拉回詩人所搭乘的「長途車」身上;「想牧神,多毛又多鬚」二行,視點再次由「近」而推展至全畫面。相同的手法亦運用於第二節、第三節前面十一行。這種

相似的空間經營、相似的形式結構，可形成齊一反覆之美。
人的視線可以穿透一層又一層的空間，自一個空間看到一連
串的空間，從而使空間互相滲透，產生極其深遠的流動感，
使原來的「三維空間」變成具有時間進程的空間序列，營造
出空間的漸層美。

　　第三節最後五行，「正說屏東是最甜的縣」二行，承上
文「甜甜的甘蔗、甜甜的西瓜、甜甜的香蕉」而來；恰與
「最鹹最鹹」三行，藉著味覺的變化，形成由「甜」而
「鹹」的狀態變化，兩相比較，不僅使得屏東的甘蔗、西
瓜、香蕉更甜美，全詩主旨也在此得到一個完滿的結論（參
考仇小屏《篇章結構類型論》）。

　　又如古蒙仁〈吃冰的滋味〉（節選）：

例文

　　除了冰棒和冰水之外，刨冰也是相當普遍的冰品。
一般都在小攤子販賣，小攤設在樹蔭下，或釘幾塊門板
遮擋太陽。刨冰的種類繁多，主要有四果冰、粉圓冰、
仙草冰、愛玉冰、米苔目，或由其中二至三種混在一
起。當時的刨冰機都是手搖的，看老闆從木箱中拿出一
大塊晶亮的冰塊，軋入刨冰機中，然後飛快地搖轉起來
時，那冰屑就像雪花一般，一片一片飛落盤中，俄頃積
成一座小冰山。老闆再淋上糖水，光看這等光景，已讓
人消去大半暑氣，等端在手中，一匙一匙挖入嘴裡，冰
花瞬即溶化，溶入舌尖，那種沁涼暢快的感覺，足以將

豔陽溶化掉。

　　這些刨冰的添加物，像四果、粉圓、仙草、愛玉，或色彩鮮豔、或澄澈剔透、或方塊結晶，看起來都足以奪人眼目，令人愛不忍吃。這是傳統冰製品在視覺上的一大發明，讓人在烈日豔陽之下，萌生更多的想像，可以說已達到了藝術的境界。

結構表

```
┌─泛：「除了冰棒和冰水……普遍的冰品」
│     ┌─地點：「一般都在……遮擋太陽」
│     │         ┌─泛：「刨冰的種類……三種混在一起」
└─具─┤         │         ┌─過程（視、味）：「當時的刨冰機……豔陽溶化掉」
      └─種類─┤         │               ┌─視：「這些刨冰……愛不忍吃」
              └─具─添加物─┤
                          └─心：「這是傳統……藝術的境界」
```

說明

　　古蒙仁〈吃冰的滋味〉從現代花樣百出的冰品，回想起小時候吃冰的甜美回憶。他先泛寫冰棒、冰水、刨冰等各種冰品，再具寫賣刨冰小販常出現的地點，及最常見的刨冰種類、人工刨冰的過程、與色彩鮮麗的添加物。筆調生動而活潑，充分運用視覺、味覺、心覺等各種知覺，把冰的各種形狀、氣味、色澤、情態等描繪出來，表達吃冰的無窮樂趣，予人消暑的沁涼感，並萌生視覺上的享受。

　　這是由於視覺、聽覺、嗅覺、觸覺等各種知覺之間，可

以相互挪移、轉化和滲透，在生活與審美實踐中，建立起特殊的聯繫，也營造出共鳴的美感效果。（參考朱光潛《談文學》）

又如辛棄疾〈西江月〉：

例文

> 明月別枝驚鵲，清風半夜鳴蟬。稻花香裡說豐年，聽取蛙聲一片。　　七八箇星天外，兩三點雨山前。舊時茅店社林邊，路轉溪橋忽見。

結構表

```
      ┌ 鵲驚：「明月別枝驚鵲」句
   ┌聽─┼ 蟬鳴：「清風半夜鳴蟬」句
   │   └ 蛙聲：「稻花香裡說豐年」二句
   │   ┌ 遠：「七八箇星天外」句
   └視─┼ 中：「兩三點雨山前」句
       └ 近：「舊時茅店社林邊」二句
```

說明

　　本詞題作「夜行黃沙道中」，是稼軒第一次廢退於江西上饒時的作品。上片主要是從聽覺角度，描寫夜行黃沙道時依次聽到的鵲聲、蟬聲、與蛙聲，以此凸顯「蟬噪林逾靜，鳥鳴山更幽」，大地一片靜寂的深沉況味。值得一提的是，

「說豐年」的聲音，應不是來自農夫或作者的友朋。因為在寂靜的深夜裡，人類的話語聲反而會破壞了全詞所營造出來的寧靜意味，故「說豐年」的應是擬人化了的蛙鳴。至於下片則是從視覺的角度，由天外的疏星、而山嶺前的雨點、至溪橋後的茆店，由遠而近有次序地連綴起夜行所見的各種景物，形成了極為遼闊的空間層次感。「忽見」二字，則是將詞人的驚喜之情，表露無遺。全詞以農村生活、山鄉景色為題材，在靈動輕快、韻趣盎然的筆調鋪陳下，交織成一幅恬靜的鄉村夜景，予人身臨其境的感受，並抒發了閒適之情，一點也嗅不出稼軒被迫閒居後的悲鬱氣息。（參考陳滿銘《文章結構分析》）

又如陳冠學〈西北雨〉：

略。

結構表

```
┌─點:「摘了一整天的番薯蒂」
│    ┌─凡(大雨、霹靂):「下午大雨滂沱……真要走避不及」
│    │                    ┌─烏雲(視、心):「低著頭……與妖巫之出世」
│    │              ┌─全─┼─霹靂(視、聽):「正當人們……匍匐不能起」
├─染─┤         ┌─先┤    └─大雨(視、觸):「好在再接著……不是戲劇」
│    │    ┌─目─┤    ┌─霹靂(視、聽、心):「因為是在……被劈殺」
│    └────┤    └─偏┤
│         │         └─大雨(視、觸、心):「一場為時……莊的理由」
│         └─後(視、心):「終於雷聲……牧羊人之歌」
```

說明

　　陳冠學〈田園之秋〉一文,以細膩的觀察、凝練的文字,極力描摹一場滿天黑怪、惡魔妖巫與霹靂肆虐的午後西北雨,並流露出對這一塊土地的歌頌與關懷。全文採「先點後染」形式,第一段是「點」的部分,指出作者正在田裡摘番薯蒂,以作為下文敘事、寫景的引子與橋梁。二、三、四、五段,是「染」的部分。先以「大雨滂沱,霹靂環起」為綱領,總括下文,再依次分從視覺、聽覺、觸覺、心覺等方面,描寫雲起、打雷、閃電、降雨到放晴的經過。其中,第二段是全面敘寫烏雲、霹靂、大雨的降臨與離去;第三段則照應「霹靂環起」,第四段則照應「大雨滂沱」,進一步詳寫雷電的威力與西北雨的特質。

　　全文先點簇,而後以烘染,可以形成層次美。層次,是

一種漸變的造形，在空間上漸近漸遠、時間上漸長漸蹙，或在詩意上旋折旋深，輕重有序，予人層次遞增、步步進逼的律動，讀來舒暢而有節奏感，給人美的印象。加上〈田園之秋〉善用各種知覺的摹寫，更彰顯了這種美感特色。（參考黃永武《詩與美》）

(三)延伸教學

1. 閱讀教學

如徐志摩〈翡冷翠山居閑話〉（節選）：

例文

　　在這裡出門散步去，上山或是下山，在一個晴好的五月的向晚，正像是去赴一個美的宴會，比如去一果子園，那邊每株樹上都是滿掛著詩情最秀逸的果實，假如你單是站著看還不滿意時，只要你一伸手就可以採取，可以恣嘗鮮味，足夠你性靈的迷醉。陽光正好暖和，決不過暖；風息是溫馴的，而且往往因為他是從繁花的山林裡吹度過來，他帶來一股幽遠的淡香，連著一息滋潤的水氣，摩娑著你的顏面，輕繞著你的肩腰，就這單純的呼吸已是無窮的愉快；空氣總是明淨的，近谷內不生煙，遠山上不起靄，那美秀風景的全部正像畫片似的展露在你的眼前，供你閑暇的鑑賞。

閱讀小站

（　）1. 在這段文字中，徐志摩充分運用了視覺、味覺、觸覺、嗅覺等各種摹寫，描寫山中美秀的風景，這是運用了那一種篇章修辭法？①近遠法②情景法③知覺轉換法④因果法。

（　）2. 在視、味、觸、嗅等各種感覺摹寫中，那兩種感覺是屬於「高等感覺」（或稱「美的感覺」），與「美」最有關係，而且出現的次數最頻繁？①視覺、聽覺。②嗅覺、味覺。③味覺、觸覺。④觸覺、嗅覺。

參考答案　1.（3），2.（1）。

結構表

```
┌─ 凡：「在這裡出門……赴一個美的宴會」
│   ┌─ 果子園（視、味）：「比如去一果子園……性靈的迷醉」
│   ├─ 陽光（觸）：「陽光正好暖和，決不過暖」
└─ 目 ├─ 風（觸、嗅）：「風息是溫馴的……無窮的愉快」
      └─ 風景（視）：「空氣總是明淨的……閒暇的鑑賞」
```

說明

　　一九二五年三月，徐志摩陪同印度詩人泰戈爾訪問日本

以後，開始漫遊歐洲。五月，他來到風景如詩又如畫的義大利名城佛羅倫薩，遊於斯，居於此，也有感於斯，〈翡冷翠山居閑話〉就是在此時寫成。「翡冷翠」是徐志摩按義大利原文「Firenze」對佛羅倫薩的譯音。徐志摩認為這樣的譯音，是「一個具有音樂性和足以喚起多種美麗聯想的名字」。

第一段是對山中佳景的描述，以「一個晴好的五月的向晚」為一個特定的時間，以「翡冷翠山居」為一個特定的地點，作為詩人環顧四周的中心點，然後進行全景式的觀照。作者運用了由「視覺」而「味覺」而「觸覺」而「嗅覺」而「視覺」的知覺轉換，與讀者一同欣賞如畫片似的「美秀風景的全部」，而得到了「閑暇的鑑賞」的樂趣。（參考海風出版社《徐志摩》、仇小屏《篇章結構類型論》）

又如《老殘遊記》第二回「歷山山下古帝遺蹤，明湖湖邊美人絕調」聽王小玉說書一段：

例文

王小玉便啟朱唇，發皓齒，唱了幾句書兒。聲音初不甚大，覺得入耳有說不出來的妙境，五臟六腑裡，像熨斗熨過，無一處不伏貼；三萬六千個毛孔，像吃了人參果，無一個毛孔不暢快。唱了十數句之後，漸漸的越唱越高，忽然拔了一個尖兒，像一線綱絲拋入天際，不禁暗暗叫絕。那知他於那極高的地方，尚能迴環轉折，幾轉之後，又高一層，接著有三、四疊，節節高起。恍如由傲來峰西面攀登泰山的景象：初看傲來峰削壁千

仞，以為上與天通；及至翻到傲來峰頂，纔見扇子崖更
在傲來峰上；及至翻到扇子崖，又見南天門更在扇子崖
上。愈翻愈險，愈險愈奇。

那王小玉唱到極高的三、四疊後，陡然一落，又極
力騁其千迴百折的精神，如一條飛蛇，在黃山三十六峰
半中腰裡盤旋穿插，頃刻之間，周匝數遍。從此以後，
愈唱愈低，愈低愈細，那聲音就漸漸的聽不見了。滿園
子的人，都屏氣凝神，不敢少動。約有兩三分鐘之久，
彷彿有一點聲音，從地底下發出。這一出之後，忽又揚
起，像放那東洋煙火，一個彈子上天，隨化作千百道五
色火光，縱橫散亂。這一聲飛起，即有無限聲音，俱來
並發。那彈弦子的，亦全用輪指，忽大忽小，同他那聲
音相和相合，有如花塢春曉，好鳥亂鳴，耳朵忙不過
來，不曉得聽那一聲的為是。正在撩亂之際，忽聽霍然
一聲，人絃俱寂。這時臺下叫好之聲，轟然雷動。

停了一會，鬧聲稍定，只聽那臺下正座上有一個少
年人，不到三十歲光景，是湖南口音，說道：「當年讀
書，見古人形容歌聲的好處，有那『餘音繞梁，三日不
絕』的話，我總不懂。空中設想，餘音怎會得繞梁呢？
又怎能三日不絕呢？及至聽了小玉先生說書，纔知古人
措辭之妙。每次聽他說書之後，總有好幾天耳朵裡無非
都是他的書音。無論做什麼事，總不入神；反覺得『三
日不絕』這『三日』下得太少，還是孔子『三月不知肉
味』『三月』二字形容得透徹些。」旁邊人都說道：「夢
湘先生論得透闢極了，『於我心有戚戚焉』。」

閱讀小站

（　　）1.「像放那東洋煙火，一個彈子上天，隨化千百道五
　　　　　色火光，縱橫散亂」。這是運用那一種感覺印象來
　　　　　摹寫說書聲？①視覺②味覺③嗅覺④觸覺。

（　　）2.「初看傲來峰削壁千仞，以為上與天通；及至翻到
　　　　　傲來峰頂，纔見扇子崖更在傲來峰上；及至翻到扇
　　　　　子崖，又見南天門更在扇子崖上」，這一段文字，
　　　　　是運用了「視覺印象」來摹寫「說書聲」。這種修
　　　　　辭法，與下列何者相同？①「三月不知肉味」②
　　　　　「如一條飛蛇在黃山三十六峰半中腰裡盤旋穿插」
　　　　　③「餘音繞梁，三日不絕」④「五臟六腑裡像熨斗
　　　　　熨過」。

（　　）3.「三月不知肉味」，在此是用來形容①肉食之美②
　　　　　措辭之妙③音樂之美④說書聲之妙。

參考答案 ☞1.（1），2.（2），3.（4）。

閱讀小站

- 敘
  - 泛：「王小玉便啟朱唇……唱了幾句書兒」
  - 具
    - 先（高音）
      - 先：「聲音初不甚大……無一孔不暢快」
      - 中：「唱了十數句……不禁暗暗叫絕」
      - 後：「那知他於那極高……愈險愈奇」
    - 中（低音）
      - 先：「那王小唱到極高……周匝數遍」
      - 後：「從此以後愈唱……不敢少動」
    - 後（收束）
      - 先：「約有二三分鐘……人絃俱寂」
      - 後：「這時台下叫好之聲轟然雷動」
- 論
  - 點：「停了一回……說道」
  - 染：「當年讀書見古人……於我心有戚戚焉」

說明

　　《老殘遊記》是一部極為精彩的諷諭小說，拆開來看，則篇篇都是極其精緻而嚴謹的散文。劉鶚曾經自評：「王小玉說書，為聲色絕調；百鍊生著書，為文章絕調。」一部《老殘遊記》在劉鶚筆下成為絕調，王小玉說書也在劉鶚筆下成為絕響。他除了具備胡適所說的特點：「《老殘遊記》最擅長的是描寫的技術，無論寫人寫景，作者都不肯用套語濫調，總想鎔鑄新詞，作實地的描畫」；也運用了精當的譬喻，運用了各種知覺的轉換，成功地以有限的、具象的文字，表現抽象的樂音之美。胡適〈老殘遊記的文學技術〉即曾經談到：「音樂只能聽，不容易用文字寫出，所以不能不

用許多具體的事物來作譬喻」（移覺），白居易的〈琵琶行〉、歐陽脩的〈秋聲賦〉、蘇軾的〈赤壁賦〉，都用過這個法子取得很好的效果。因此，劉鶚以豐富的想像，清新的文字，出色的技巧，採「先敘後論」形式，連用了「像熨斗熨過」、「像吃了人參果」、「像一線綱絲拋入天際」、「恍如由傲來峰西南攀登泰山」、「如一條飛蛇在黃山三十六峰半中腰裡盤旋穿插」、「像放那東洋煙火」、「如花塢春曉，好鳥亂鳴」等七八種不同的譬喻，從心覺、視覺等不同印象來描寫聽覺印象，令讀者品嚐王小玉說大鼓書令人叫絕的美妙之處。末尾，藉由夢湘先生的一席話，再次烘托王小玉的書音入神之深，既有畫龍點睛之妙，又造成繚繞不絕的餘韻。

又如沈尹默〈三絃〉：

例文

中午時候火一樣的太陽沒法去遮闌，讓他直曬著長街上。靜悄悄少人行路，祇有悠悠風來，吹動樹旁楊柳。

誰家破大門裡，半院子綠茸茸草草，都浮著閃閃的金光。旁邊有一段低低土牆，擋住了個彈三絃的人，卻不能隔斷那三絃鼓盪的聲浪。

門外坐著一個穿破衣裳的老年人，雙手抱著頭，他不聲不響。

閱讀小站

（　）1. 這是一首散文詩，其中的二、三段，主要運用了那兩種知覺來進行摹寫？①視覺、聽覺。②聽覺、嗅覺。③視覺、嗅覺。④聽覺、味覺。

（　）2. 詩人善以「茸茸」、「草草」、「閃閃」、「低低」等疊字形容詞的連續鋪展，產生不息、勁健的①意象美②色彩美③節奏感④寧靜感。

參考答案 ✍1.（1），2.（3）。

結構表

```
      ┌ 底（視）┌ 靜：「中午時候……靜悄悄少人行路」
      │         └ 動：「祇有悠悠風來，吹動樹旁楊柳」
──────┤
      │ 圖 ┌ 內（視、聽）：「誰家破大門……三絃鼓盪的聲浪」
      └    └ 外（視、聽）：「門外坐著……他不聲不響」
```

說明

　　沈尹默與胡適一樣，都是新詩運動初期的健將，埋首創作的先驅者。〈三絃〉是一首散文詩，空間形式的安排採「先底後圖」的順序，凸出「老年人」這一個焦點。首段的視點是在室外的長街上，詩人運用第一、二句冗長凝重的長句，與第三、四、五句輕巧簡潔的短句，長短相較、正反交

錯，勾畫出一個動靜鮮明的審美效果。加上「悄悄」、「悠悠」等疊字與「風」、「樹」等意象的運用，成功地凸顯出「靜」。

陽光是聯繫一、二段的線索，讀者的視線一路追隨著陽光進入了破大門的庭院裡。因此，第二段的一、二、三句是寫視覺所見，再經由視覺帶出土牆內一個看不見的彈琴者與三絃聲浪來。詩人在此，先是以「茸茸」、「草草」、「閃閃」、「低低」等疊字形容詞的連續鋪展，加快全詩的調子；繼而藉由「擋」到「彈」、由「隔斷」到「鼓盪」等動詞的漸次活躍，使「詩想」的發展慢慢達到了高潮。最後「聲浪」化成了餘音嬝嬝的末段，凝注於門外一個穿破衣的老人身上。從詩中的「意象發展」及「詩想結構」來探討，可以發現首段主要是寫「靜」，第二段主要是寫「動」，而「動」與「靜」都凝結第三段的老人身上。因為老人表面是靜的，不聲不響的，但從他「雙手抱著頭」這一個形象來看，老人的內心，勢必受到三絃的影響而起伏鼓盪。彈三絃的人雖然一直沒有出現，但三絃的聲音卻籠罩了全篇；抱頭的老人雖然沒有出聲，三絃之音卻傳達了他的心聲。因此，經由「三絃」，看不見的彈者和看得見的老人之間，便產生了相為表裡、虛實相應的關係。而且全詩經由視覺引出聽覺，再由聽覺引出心覺，正可見出詩人手法之高，經營之妙。（參考羅青《從徐志摩到余光中》）

2. 寫作教學

(1)寫作練習

甲、辨別知覺的轉換

　　把各種事物的形狀、聲音、氣味、色澤、情態等感受，描繪出來，增強描摹對象的鮮明度與真實感，明白清晰地刻印在讀者腦海中。清晰化、深邃化、豐富化和生動化，正是知覺轉換的功用。請你指出《老殘遊記》這一段文章中，共運用了哪些知覺摹寫？

　　老殘就著雪月交輝的景致，想起謝靈運的詩：「明月照積雪，北風勁且哀」兩句，若非經歷北方苦寒景象，那裡知道「北風勁且哀」的一個「哀」字下得好呢？

　　這時月光照得滿地灼亮，抬起頭來，天上的星，一個也看不見。只有北邊北斗七星，開陽、搖光……，像幾個淡白點子一樣，還看得清楚。那北斗正斜倚紫微星垣的西邊上面，杓在上，魁在下。老殘心裡想道：「歲月如流，眼見斗杓又將東指了，人又要添一歲了！一年一年地這樣瞎混下去，如何是個了局呢？」又想到《詩經》上說的：「維北有斗，不可以挹酒漿。」「現在國家正當多事之秋，那王公大臣只是恐怕耽處分，多一事不如少一事，弄得百事俱廢，將來又是怎樣個了局？國是如此，丈夫何以家為？」想到此地，不覺滴下淚來，也就無心觀玩景致，慢慢走回店去。老殘一面走著，覺得臉上有樣物件附著似的，用手一摸，原來兩邊掛著了兩條滴滑的冰。起初不懂什麼緣故，既而想起，

自己也就笑了。原來就是方才流的淚，天寒，立刻就凍住了，地下必定還有幾多冰珠子呢。悶悶的回到店裡，也就睡了。

乙、火樹銀花慶元宵

A、感覺動一動

元宵節吃元宵，有祈求平安、團圓的美意，也是中國特有的傳統習俗。細細品嚐美食的當下，請記得把美好的滋味留下來，封存在心版裡。

看起來（視覺）像：	
聞起來（嗅覺）像：	
摸起來（觸覺）像：	
咬起來（觸覺）像：	
吃起來（味覺）像：	
心裡的滋味（心覺）：	

B、燈謎猜一猜

臺灣燈謎活動起源很早，光緒年間，唐景崧奉命駐署台南，因為喜愛文學、偏愛燈謎，於是喜歡在春秋佳日與文人一起作詩射虎（燈謎也稱文虎），燈謎因此盛行。請你也來試一試身手吧！

題　　　　目	答　案
1. 接一半，斷一半，接起來，還是斷。（猜一字）	
2. 小小諸葛亮，獨坐軍中帳。擺個八卦圖，專捉飛來將。（猜一動物名）	
3. 敗走麥城。（猜一字）	
4. 萬世太平。（猜台北縣一地名）	
5. 登陸。（猜一工具書）	

参考答案 1.（折），2.（蜘蛛），3.（翠），4.（永和），5.（辭海）

(2)學生作品

甲、辨別知覺的轉換

　　心覺：「老殘對著雪月交輝……「哀」字下的好呢」、

　　　　　「心裡想道……無心觀玩景致，慢慢走回店去」。

　　視覺：「這時月光照的滿地灼亮……杓在上，魁在下」。

　　觸覺：「覺得臉上有樣物件附著似的，用手一摸，原來

　　　　　兩邊掛著了兩條滴滑的冰」。

乙、火樹銀花慶元宵

看起來（視覺）像：	湯圓浮在水面上，露出半顆頭，就像一座座孤島。光線照在上面，更顯得剔透而光滑，十分可愛。
聞起來（嗅覺）像：	熱氣直衝入鼻腔，有如千軍萬馬出征；但緊接著是一股砂糖的清香，引起了我的食欲。

摸起來（觸覺）像：	搓湯圓好像在玩黏土，可壓可揉又可捏，但畢竟是食物，還是別亂玩。
咬起來（觸覺）像：	咬起來軟綿綿又 QQ 的，像是軟糖，但不沾牙，一路滑入喉嚨。
吃起來（味覺）像：	湯圓本身是沒有味道的，但跟甜湯合在一起，嚐起來滋味迷人，如滾滾長江奔入我口，去而不復返，好！
心裡的滋味（心覺）：	感覺很溫暖，吃自己做的湯圓，天氣變熱了，心也暖和了。

（804 林博智）

(3)引導與省思

　　為了配合元宵節的到臨，於是在元宵節前的一次作文課，我們設計了「搓湯圓」的教學活動，令學生親身體驗視、嗅、觸、味、心等各種知覺。

　　上課前，老師需先備齊全部的材料（如糯米糰、糖、紅豆、碗、瓢、盤、匙、電磁爐、鍋子等，糯米糰可在傳統市場買到，份量不宜太多），請學生幫忙搬到教室。首先，向學生說明如何才能搓出體圓、勻稱而大小一致的湯圓的技巧；再依組別領取各自的材料，開始動手搓湯圓。此時，老師可以先燒水，並走動全場觀看同學們搓湯圓的情形。一般而言，女生顯得循規而蹈矩，男生的花樣可就多了，各種奇形異狀的湯圓，隨著打鬧聲一一出籠。

　　等全部搓完，全班可先一同觀摩、欣賞每組所端出來的湯圓，再由老師下鍋、煮熟。在等待的同時，學生可以猜猜謎題、動動腦。等幾道謎題做完，湯圓也煮熟，一一端上桌面了。接著就是一邊品嚐自己親手所搓的湯圓，一邊動用所

有的知覺感官，寫下所有的感受。

　　大體而言，學生相當喜愛這種有別於往昔那種偏於靜態的教學活動設計，輕鬆有趣又好玩，題目的設計也易於把握、表達，還有學生說這是他上過最有趣的一堂國文課呢！而且從老師的觀點看來，這次活動不僅「有趣」，而且「有益」，這才是讓老師最欣慰的地方！

─── ❦ 第 四 章 ❧ ───

空間類章法

㈠空間類章法概說

空間類章法，主要包括遠近法、內外法、左右法、高低法、大小法、視角變換法等。一般而言，空間類章法的焦點多會凸顯在「近」、「小」、「內」、「低」的空間中；而起著烘托作用的背景，常出現在較外圍的「遠」、「大」、「外」、「高」等部分。

以下簡介幾種常見的空間類章法：

1. 遠近法

定義：主要是以空間中「長」那一維所造成的遠近變化為條理的謀篇方式。

美感與特色：「由近而遠」的空間變化，可令畫面的視野愈來愈廣闊，附著於空間的景物也漸次地呈現在讀者眼前，造成一種「漸層」的效果；若「由遠而近」，則易在一個特意的空間上凝聚，使焦點分外凸出，得到最大的注意。「近、遠、近」的空間變化十分特殊，也較為少見，但透過

視線的遠近奔馳，可在情意上、心理上達成延伸的效果，兼具凸出與延展的美感。「遠、近、遠」則是相當常見，不僅營造出空間層次感，形成漸層之美，令人有深度、神秘、變動之感，也在視覺上形成立體縱深的效果。

2. 內外法

定義：表達內外空間轉換的內外法，強調的是以建築物（門、窗、牆、帷等）分隔成內、外兩個空間，形成對照，產生相映成趣效果的謀篇方式。

美感與特色：「由內而外」是採由室內移轉到室外的空間安排，「由外而內」則是先由外在景物引起聯想，再轉回來描寫室內。利用視線或足跡作一內一外的移動，造成景物的改變，都可增強詩中的空間深度，別有曲折幽深的效果。至於「外、內、外」與「內、外、內」結構，配合時間的流轉，除了可形成空間深度的漸層效果，更能經由外在景物的多次轉換，表達主人翁的心境變化。

3. 高低法

定義：主要是以空間中「高」那一維所造成的高低變化為條理的章法。

美感與特色：在「由高而低」的空間中，由於方向是向下的，產生沉重、密集、束縛之感，力量非常驚人。至於「由低而高」，方向是上的，因此給人一種輕鬆、自由的感受，而且容易使審美主體由靜觀而融合，終於達致崇高的情境。而「上中下順勢寫起」高低迭用的空間安排，則可靈活

利用俯瞰、平視、仰觀等視覺推移，營造空間的層次變化，
呈現立體感，產生「奔放」和「擴大」的美感效果。

4. 大小法

　　定義：將空間中大的面與小的面之間，擴張、凝聚的種
種變化記錄下來的章法。

　　美感與特色：它可以形成「由大而小」的包孕式空間，
也可以形成「由小而大」的輻射式空間。「由小而大」向外
擴展，則四望所見的四方之景，可向無窮處延伸擴散，形成
漸層美；「由大而小」則會因特寫而產生集中凸出之美。至
於大小交錯運用，則會形成「大、小、大」或「小、大、
小」結構，不僅有節奏地轉換空間的大小，提供觀賞者一種
閃耀動人的變化美感；透過遠近往還的審美視線，更表達了
一種把握當下、把握整個宇宙的深沉況味，也使得主要對象
更具有形象美，與思想的縱深感。

5. 左右法

　　定義：將空間中在左、右之間移動，而造成的橫向變化
記錄下來的章法。

　　美感與特色：向左、右延展的空間，最能傳達出「均
衡」的美感，而且特別容易造成遼闊的空間感，也因此而產
生安定靜穆的感受。

6. 視角變換法

　　定義：不從單一的角度去描摹景物，而是將空間中

「長」、「寬」、「高」三維互相搭配，造成視角的移動，並將此種變化體現在文學作品中的一種章法。

美感與特色：中國傳統的觀照方式即是仰觀俯察、遠近遊目，因此特別容易形成視角變化的空間。這樣的空間結構方式，一方面可以自由地收羅不同空間的不同景物；而且空間的轉換，會造成「躍動性的空間美」，十分靈動。

㈡課文分析

如鍾理和〈做田〉（節選）：

　　尖山洞田四面環山，除開東邊的中央山脈，其餘三面都是小山崗，大抵土質磽薄，只生茅茭。

　　中央山脈層巒疊嶂，最外層造林局整理得最好的柚木埋遍了整面山谷，嫩綠而透明，呈著水彩畫的鮮豔顏色；次層是塗抹得最均勻的，鬱鬱蒼蒼的一片深青；最裡層高峰屹立，籠著紫色嵐氣，彷彿仙人穿在身上的道袍，峰頂裹在重重煙靄中，看上去莊嚴、縹緲而且空靈。

　　天空清藍淨潔，恍如一匹未經漿過的丹士林布。太陽剛剛昇出一竹竿高，一朵白雲在前面徘徊著，東南一角更湧起幾柱白中透點淺灰的雲朵。

　　天，和雲，和山的倒影，靜靜地躺在注滿了水的田隴裡。犁田的人把它們和著土塊帶水犁起，它們就和

田裡茂盛的菁豆之類糾纏在犁頭上，像圍脖一般，犁走兩步就纏成一大堆，好像整塊田都掛在那裡了，前邊的牛踉踉蹌蹌，並且停下來。

結構表

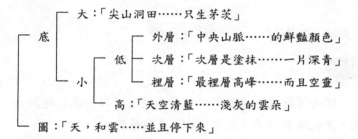

說明

　　此段採用「先底後圖」形式，先描繪尖山洞田的地理環境與磽薄的土質，再凸顯出美濃客家農民農耕時歡欣而勤奮的情景。「底」的部分，由大而小，先點出尖山洞田四面環山的自然景觀，再依由外而內的次序，著力描寫中央山脈層巒疊翠、高峰屹立、空靈縹緲的美麗景色，帶出空間的層次感與漸層美。繼而視點向更高的天際處挪移，從淨藍的天空與剛昇的太陽，可以窺見這是一個晴朗的、適於春耕的好天氣。於是作者的視點，自然地凝注在山腳下正忙於春耕的農民與他的犁上頭，呈現一片「大地無盡藏，努力事春耕」的春忙景象。

　　這一段文字，利用了由底而圖、由大而小、由低而高等

不同的空間安排，把多角的視點複合在一起，從空間角度的變換去表現空間景物，呈現出最遼闊的空間視野，營生無窮的意趣；並在一個特意的空間上凝聚，使焦點分外凸出。由於它同時收納了不同空間所包含的不同的景物，頗近似於中國繪畫所主張的「散點透視」法，可以打破時空的限制，產生躍動、變化紛呈的美感效果。

又如〈江南〉：

例文

江南可採蓮，蓮葉何田田！魚戲蓮葉間：魚戲蓮葉東，魚戲蓮葉西，魚戲蓮葉南，魚戲蓮葉北。

結構表

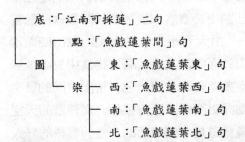

說明

〈江南〉是一首漢代樂府民歌，全詞也是形成「先底後圖」結構。「底」的部分，描摹江南水鄉的採蓮風光，把讀

者的視點拉到並凝注於一大片鮮綠而繁盛的荷田、荷葉上頭。於是眼睛很自然地注意到了正戲於蓮葉間的魚兒身上，凸顯出一幅美麗而歡愉的「魚戲圖」來。讀者的視線也隨著魚兒的往來游竄，向東、西、南、北四個方向跳動，由左右而上下，拓展出最為遼闊的空間感。這是由於詩中運用了四個相同句型的「類疊」手法，所營造出來的效果。因為類疊的修辭，正淵源於類疊的時空，不僅可以與時空相應相形，又能推展出更有節奏、更有層次、更為遼闊的空間效果。

又如〈敕勒歌〉：

例文

　　敕勒川，陰山下。天似穹廬，籠蓋四野。天蒼蒼，野茫茫，風吹草低見牛羊。

結構表

```
┌ 點：「敕勒川」二句
│        ┌ 高：「天似穹廬」三句
│   ┌ 底┤
└ 染┤    └ 低：「野茫茫」句
    └ 圖：「風吹草低見牛羊」句
```

說明

　　〈敕勒歌〉是一首北朝樂府民歌，全詞「先點後染」，先以敕勒川、陰山下等句，道出敕勒族人逐水草而居的地點，

作為下文的引子。「染」的部分，再依先底後圖、由高而低的變化次序，一一描述游牧民族特殊的生活空間與塞北風光。作者在此藉由「天」與「野」二字，拉開了一片遼闊無垠的天地視野。而「蒼蒼」、「茫茫」等疊字運用，又可以增添旋律美、加強節奏感，在反覆陳述中，營造理深而情茂的興味。而原本呈現靜態的空間描寫，因為曠野長風一吹，「風吹草低見牛羊」，化靜為動，凸顯出游牧民族賴以為生的牛羊來，既有畫龍點睛之妙，又令整個蒼茫壯闊的草原風光，增添了富饒而生動的美感效果。

又如劉鶚〈大明湖〉：

例文

　　老殘告辭動身上車，一路秋山紅葉，老圃黃花，頗不寂寞。到了濟南府，進得城來，家家泉水，戶戶垂楊，比那江南風景覺得更為有趣。

　　到了小布政司街，覓了一家客店，名叫高陞店，將行李卸下，開發了車價酒錢，胡亂吃點晚飯，也就睡了。

　　次日清晨起來，吃點兒點心，便搖著串鈴滿街踅了一趟，虛應一應故事。午後便步行至鵲華橋邊，雇了一隻小船，蕩起雙槳；朝北不遠，便到歷下亭前。止船進去，入了大門，便是一個亭子，油漆已大半剝蝕。亭子上懸了一副對聯，寫的是：「歷下此亭古，濟南名士多」；上寫著「杜工部句」，下寫著「道州何紹基書」。

亭子旁邊，雖有幾間房屋，也沒有什麼意思。

　　復行下船，向西盪去，不甚遠，又到了鐵公祠畔。你道鐵公是誰？就是明初與燕王為難的那位鐵鉉。後人敬他的忠義，所以至今春秋時節，土人尚不斷的來此進香。到了鐵公祠前，朝南一望，只見對面千佛山上，梵宇僧樓，與那蒼松翠柏，高下相間，紅的火紅，白的雪白，青的靛青，綠的碧綠；更有一株半株的丹楓夾在裡面，彷彿宋人趙千里的一幅大畫，做了一架數十里長的屏風。

　　正在歎賞不絕，忽聽得一聲漁唱，低頭看去，誰知那明湖業已澄淨得同鏡子一般。那千佛山的倒影映在湖裡顯得明明白白。那樓臺樹木格外光彩，覺得比上頭的千佛山還要好看，還要清楚。

　　這湖的南岸，上去便是街市，卻有一層蘆葦，密密遮住。現在正是開花的時候，一片白花映著帶水氣的斜陽，好似一條粉紅絨毯，做了上下兩個山的墊子，實在奇絕。

　　老殘心裡想道：「如此佳景，為何沒有什麼遊人？」看了一會兒，回轉身來，看那大門裡面楹柱上有副對聯，寫的是「四面荷花三面柳，一城山色半城湖。」暗暗點頭道：「真正不錯！」進了大門，正面便是鐵公享堂，朝東便是一個荷池。繞著曲折的迴廊，到了荷池東面，就是個圓門。圓門東邊有三間舊房，有個破匾，上題「古水仙祠」四個字。祠前一副破舊對聯，寫的是「一盞寒泉薦秋菊，三更畫舫穿藕花。」

過了水仙祠，仍舊下了船，盪到歷下亭的後面。兩邊荷葉荷花將船夾住，那荷葉初枯，擦的船嗤嗤價響。那水鳥被人驚起，格格價飛。那已老的蓮蓬不斷的蹦到船窗裡面來。老殘隨手摘了幾個蓮蓬，一面吃著，一面船已到了鵲華橋畔了。

結構表

```
┌先：「老殘動身上車……也就睡了」
│   ┌先：「次日清晨……應一應故事」
│   │   ┌先（歷下亭）：「午後便步行到……沒有什麼意思」
│後─┤                    ┌先：「復行上船……來此進香」
    │                    │   ┌近（千佛山）：「到了鐵公……還要清楚」
    │                ┌中─┤中─┤
    └後─中（鐵公祠）─┤    │   └遠（蘆花）：「從這湖……什麼遊人」
                     │    └後┌鐵公祠：「看了一會……鐵公享堂」
                     │       └水仙祠：「朝東便是……畫舫穿藕花」
                     └後（鵲華橋）：「過了水仙祠……已到了鵲華橋畔了」
```

說明

〈大明湖〉是一篇記遊文章，根據空間的線索、根據遊蹤所及來敘事寫景，從遊湖到上岸，前後一貫，一氣呵成，故在時間的安排上是屬於順敘法。也由於劉鶚擅於描寫景物，觀察細膩，描繪深刻，重點凸出，使讀者感受如臨其境的意趣。一、二段是引子、橋梁，點出季節，並交代主人翁的遊蹤。第三段以後是正文，寫遊湖所見。老殘由鵲華橋盪

槳出發，先北行登歷下亭；再西行上鐵公祠，眺望對面的千佛山、千佛山倒影，及南岸的蘆花；最後回身欣賞鐵公祠、水仙祠，上船回到鵲華橋畔。就在空間推移的順序中，利用高、低、遠、近的視角變換，看盡了大明湖所有的山光水色。

另外，在「遊覽」的過程中，作者有意地透過遠近往還的審美視線，以空間的變換來描寫景物，除了表達一種「把握了當下」、「把握了整個宇宙」的深沉況味，還寄託了作者個人的情感。因為，眼睛所遊覽的外在的「景」很自然地會與內在的「情」統一。情景的交融，給人一個完整的集中的印象，也便有了耐人尋味的深度。這也正是劉鶚成功地運用了摹寫、譬喻等手法，成功地運用了視角的變換、景情的統一，所營造出來的效果。這種藝術手法，與〈車過枋寮〉一詩，有諸多相映之處。（參考周武忠《中國園林藝術》、張法《中西美學與文化精神》）

又如馬致遠〈天淨沙〉：

例文

　　枯藤、老樹、昏鴉。小橋、流水、平沙。古道、西風、瘦馬。夕陽西下，斷腸人在天涯。

結構表

```
          ┌─ 遠（仰視）：「枯藤」句
    ┌─ 空 ├─ 次遠（平視）：「小橋」句
    │     └─ 近：「古道」句
┌─ 底 ┤
│     └─ 時：「夕陽西下」
└─ 圖：「斷腸人」句
```

說明

　　〈天淨沙〉雖題為「秋思」，卻不在「情」字落筆，作者只是以簡單的句法、精煉的語意，鋪排了一連串的靜態景物，自然營生出一股高曠的悲涼之情。全曲由景入情，層次分明。前三句屬於空間的鋪敘，首句是仰望所見的遠方景物，第二句則是平視所見之景，第三句的視點則落到了主人翁所騎乘的「瘦馬」，這一「瘦」字，恰與「斷腸人」形成相互呼應的效果。在九個平列的形象中，「枯藤」、「老樹」是靜的，「昏鴉」是動的；「小橋」、「平沙」是靜的，「流水」是動的；「古道」是靜的，「西風」、「瘦馬」是動的。一動一靜的狀態變化中，又可產生色彩的交替，整齊中有錯落之美；而枯、老、古、瘦等字，又為全曲點染出一片秋意蕭瑟，烘托無限的孤獨悲感；也因為此三句皆採用了「二、二、二」的重複句式，明寫景物，暗點鄉愁，頗具一波三折之美。「夕陽西下」一句，「西下」既點出時間，又上承「昏鴉」的「昏」字，將前三句中的九個景物，統一於黃昏的色

調中,「夕陽」則下啟「斷腸人在天涯」一句。而「斷腸」二字,更有畫龍點睛、拈出一篇主旨之效。

　　全曲「景中帶情,其情自見」,正是所謂「言在耳目之內,情寄八方之表」。難怪元人周德清要譽之為「秋思之祖」,王國維要稱美它「純是天籟,彷彿唐人絕句」。

(三)延伸教學

1. 閱讀教學

　　如歐陽脩〈醉翁亭記〉(節選):

例文

　　環滁皆山也。其西南諸峰,林壑尤美。望之蔚然而深秀者,瑯琊也。山行六七里,漸聞水聲潺潺,而瀉出於兩峰之間者,釀泉也。峰回路轉,有亭翼然臨於泉上者,醉翁亭也。作亭者誰?山之僧智僊也。名之者誰?太守自謂也。太守與客來飲於此,飲少輒醉,而年又最高,故自號曰「醉翁」也。醉翁之意不在酒,在乎山水之間也。山水之樂,得之心而寓之酒也。

閱讀小站

(　)1.〈醉翁亭記〉在空間的安排上,先從「環滁皆山」寫起,再依序寫西南諸峰、瑯琊山、釀泉、醉翁

亭，形成一種「包孕式」的空間變化。請問這是屬於那一種篇章修辭法？①由近而遠②由大而小③由低而高④由今而昔。

( ) 2. 當詩文中的空間，依照由大而小或由遠而近的次序安排時，經由視線的層層推移，最後必會凝聚在一個特寫的焦點上，產生什麼樣的美感效果？①擴散美②對稱美③凸出美④和諧美。

( ) 3. 本段文章是以那一個字，做為全文的綱領？①山②亭③酒④樂。

参考答案 ☞1. (2)，2. (3)，3. (4)。

結構表

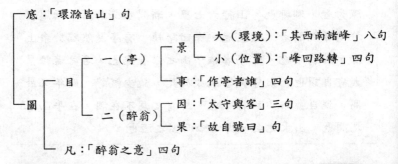

說明

　　文人一站上亭臺，目光總會很自然地仰觀、俯察、左窺、右探，然後在遠近往還的遊目中，從有限的空間裡去體

悟無限時空的深遠意味，因此，在詩文裡常常可發現此類章法的存在。如歐陽脩貶於滁州時所作的〈醉翁亭記〉與〈豐樂亭記〉，即是深受歷來文評家重視的兩篇亭臺觀景文章。

這段文字以「先底後圖」形式組成，「圖」的部分，又可分析為「先目後凡」結構。其中「目」的部分，可分而為二：其一是用以敘「亭」，由大而小，依次以「其西南諸峰」八句描述醉翁亭的山水環境（大），以「峰回路轉」四句點出亭的位置（小），「作亭者誰」四句再敘作亭、作記之人，畫出滁山山水之美。其二是用以敘「醉翁」，依次以「太守與客」三句，分述「自號曰醉翁」之原因、結果。而「凡」的部分，則以「醉翁之意」四句，總結上文，拈出「樂」字，統攝全文。

由遠山而近山，由山而水，由水而亭，由亭而人，由人的行為而人的內心世界，一層一層又一層的鏡頭推移，最後凝聚在醉翁亭這一個特意的空間上，給予特寫，使這個焦點分外凸出。而大中取小，巨細結合，點面相映，正可彰顯出空間「大小映照」的對比、變化美。（參考李元洛《詩美學》、陳滿銘《國文教學論叢》）

又如歐陽脩〈豐樂亭記〉（節選）：

例文

修既治滁之明年夏，始飲滁水而甘。問諸滁人，得于州南百步之近。其上豐山聳然而特立，下則幽谷窈然而深藏，中有清泉瀧然而仰出。俯仰左右，顧而樂之，

於是疏泉鑿石，闢地以為亭，而與滁人往遊其間。

閱讀小站

（　）1.「其上豐山聳然而特立」等三句，利用仰觀、俯
　　　瞰、平視，利用「上、下、中」移動的效果，將豐
　　　山、幽谷、清泉，依序道出，形成空間的層次感。
　　　這是運用了①大小法②高低法③遠近法④因果法。

（　）2. 無論是遠近法、大小法、或是高低法，都可營造出
　　　空間的層次感與縱深度。這種「空間感覺」的產
　　　生，最主要是依靠①聽覺②觸覺③嗅覺④視覺。

參考答案 ☞1.（2），2.（4）。

結構表

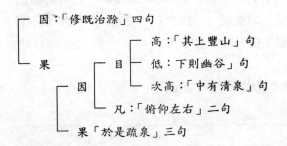

```
 ┌ 因：「修既治滁」四句
 │                    ┌ 高：「其上豐山」句
 │         ┌ 目 ─┼ 低：「下則幽谷」句
 │         │       └ 次高：「中有清泉」句
 │  果 ─┤ 因
 │         └ 凡：「俯仰左右」二句
 └ 果「於是疏泉」三句
```

說明

〈豐樂亭記〉與〈醉翁亭記〉，同屬作於滁州的登亭文

章，典雅而深湛。就這段文字而言，是以「先因後果」結構組成。因為發現泉水於城南，引發遊興，遊而心喜，於是鑿石闢地、疏泉建亭，與民同遊其間。其中「其上豐山」等三句，利用仰觀、俯瞰、平視，利用「由高而低而高」視覺推移的效果，看盡了全空間，將聳然特立的豐山、窈然深藏的幽谷，依「由上而下」的次序道出，再點出中間瀯然而仰出的清泉，拉開一層又一層的空間景觀，有視覺延伸的特殊效果，營造出立體的空間層次感。而這種變換空間的安排方式，與中國繪畫的佈局構圖透露出一致的意圖，他們都是跳脫了焦點透視的限制，巧妙地延長或縮短各個空間上下左右的距離，疏密相間，節奏相應，於小小尺幅中，顯豁文人一己胸中的塊壘，更能凸顯出整體背景中的主體，進而營造更多的空間美感義涵。（參考楊辛、甘霖《美學原理》、周武忠《中國園林藝術》）

又如孔孚〈帕米爾〉之「札達速寫」：

例文

太陽凍僵了
臉色蒼白

一株白楊
在看風景

閱讀小站

（　）1. 這一首新詩利用高掛天上的「太陽」，與生長於地的「白楊」，利用視覺「上、下」移動的效果，拉開了最為遼闊的空間。這是運用了①大小法②高低法③遠近法④因果法。

（　）2. 太陽的「臉色蒼白」，白楊「在看風景」，「看」與「蒼白」二詞，靜態描寫中含有動態意向。這是使用了那一種修辭法？①譬喻法②具象化③擬人化④因果法。

參考答案　☞1.（2），2.（3）。

結構表

```
     ┌ 因：「太陽凍僵了」
  ┌ 高┤
  │   └ 果：「臉色蒼白」
──┤
  └ 低：「一株白楊」二行
```

說明　

〈札達速寫〉從視覺、觸覺的角度，有意地選取了太陽與白楊這兩個自然景觀，加以摹寫。「太陽凍僵了」二行，是就「高」處的太陽而言。「凍僵」與「蒼白」二詞，靜態描寫中含有動態意向，不僅把太陽給擬人化了，更將帕米爾

高山上寒而寂的天候、與一片白茫茫的天地，傳神地描繪出來。而一個「白」字，除了予人霜冷孤清之感，更巧妙地與正「在看風景」的「一株白楊」，產生連結作用。視覺也在一高一低的挪移中，營造出高遠透亮的立體空間感。（參考仇小屏《世紀新詩選讀》）

2. 寫作教學

(1)寫作練習

甲、請以「明德大道」為主題，依據「由近而遠」或「由遠而近」的順序加以描寫，成為一篇三百字左右的短文。（景物與景物的轉換間，若能添加個人的聯想、心情、看法，或運用各種修辭技巧，一定更出色！）

乙、請以「內苑」的景物為主題，依據「由低而高」或「由高而低」的順序加以描寫，成為一篇三百字左右的短文。（景物與景物的轉換間，若能添加個人的聯想、心情、看法，或運用各種修辭技巧，一定更出色！）

(2)學生作品

甲、走在明德大道上，由這一頭望向盡頭，大道兩旁聳直而枝條茂密的小葉欖仁，交織成一座長長的富有鄉村風味的「綠色隧道」。它們有如穿上褐色盔甲、戴上青綠色頭盔，盡忠地守衛著城堡的士兵，至死不屈地保衛著校園。而散落一地的欖仁葉，有的綠、有的黃、有的橙，為長長的走道鋪上一張耀眼奪目的地毯，讓我們好像搭乘著希望列車，駛向每一個人的理想世界。左側排列得井然有序的形形色色

的車子，為這一「綠色隧道」增添濃濃的現代感。至於一旁的小花，因為爭奇鬥艷、競相出頭，園丁們只好幫她們圈起欄杆，免得她們的爭吵太過喧囂。

正因為每次進教室前都必先經過這一條長長的明德大道，深深受到這種氣氛的薰染，上起課來，也就顯得格外專心了！（803　洪瑋靖）

乙、清風，是那麼不著痕跡地拂過面頰，就像時光的流逝，悄然無聲。下課了，我站在一樓內苑，抬頭仰望蒼穹。

站在內苑中的孔子銅像，依然注視著所有的莘莘學子，而他的弟子們，豪爽的子路、鼓瑟的曾點、謙沖的顏回……，自在而從容地一一從我身旁走過。

二樓的朋友正在向我招手，我輕輕地微笑，向他們揮一揮手，友誼就這麼輕易的展開交流！三樓的同學也倚著欄杆聊天，清脆的笑語聲，與她們臉上的笑容融為一體。而高大的椰子樹，在微風中努力搆向天際。順著大大的椰子樹葉再向上望，正見幾隻鳥兒吱吱喳喳著飛過天際，悅耳的鳴叫，與整個內苑的嬉鬧聲形成美麗的映照。我的心，也隨之飛翔。（803　張之穎）

(3)引導與省思

在鍾理和〈做田〉等課課文講解完畢後，先簡單介紹空間類章法的定義、內涵、與美感特色。等學生已大致瞭解，再發下歐陽脩〈醉翁亭記〉、孔孚〈帕米爾〉等類文。首先，不要做任何解釋，令學生試做「閱讀小站」的部分，以

測試學生是否真正掌握了空間類章法的特色與美感效果。然後再根據學生比較不明白的地方，藉類文的結構分析與文意賞析，做進一步的補充說明。類文解說完畢後，可先告知學生下次寫作的主題與寫作原則，令學生先預做校園觀察與寫作材料收集的準備。下一次上課時，可於黑板上（或是利用投影機、power-point 等）大略地再次講解，提醒學生取景、構思、寫作的步驟與要領，然後於課堂上練習寫作。

　　此外，在寫作主題的設計上，若能多與學生所熟悉的環境或成長背景結合，可免去學生因陌生、無法掌握而萌生的退卻心理。因此，我們把觀察的主題設定在「明德大道」與「內苑」這兩個地方，要學生依「由近而遠」或「由遠而近」、「由低而高」或「由高而低」的順序加以描寫。由於這是明德校園內深受師生喜愛的一隅，下了課的學生也常在其下穿梭跑跳，與之相遇，與之挲摩，人人覺得十分親切而熟稔，對於教學目標的達成，自然有正面的助益。

　　例如，洪瑋靖把枝條茂密的小葉欖仁樹所形成的長蔭，想像成「綠色隧道」；又善於利用譬喻法，將一棵棵樹比之為守衛城堡的士兵，生動而貼切。然後再經由色彩的描寫，由眼之所見，而生發一股寧靜的心覺，可算是一篇成功的作品。張之穎寫的主題是內苑，由於明德內苑擺置了一座高高的孔子銅像，於是之穎很自然地與孔子產生聯想，想到了孔子，也想到了他的學生們，想像力豐富而驚人。並利用了視線由低而高的推移中，一一描寫二樓的朋友、三樓的同學、高大的椰子樹（明德國中的椰子樹已高高地挺立到了四樓之上）、天際，由景而入情，抒寫下課後的悠閒心情。

　　由於學生對於遠近法、高低法的駕馭能力，大都沒有受
過充足的訓練；因此，他們常常會生硬地從這一個景物跳到
到另一個景物，再跳到下一個景物。景物與景物之間，往往
留下了一大段生硬的「空白」（不是涵括萬有的「空白」）。
此時，要適時地提醒學生，如何運用想像力、運用個人獨特
的情思，來加以填補，才能織就一篇真正層次分明，而又聯
想浮翩、有血有肉的出色文章。也由於圍繞著主題，結合章
法教學、類文教學、與範文寫作的活動設計來引導學生，不
僅焦點凸出，學生也多能有十分亮麗的表現。尤其當見到學
生自然流露出那種渴望學習的神情，與隨之展現出來的進步
時，這種立即而直接的回饋，足可令人忘卻編寫教材時所付
出的辛勞。

∽ 第五章 ∽

時間類章法

㈠時間類章法概說

　　時間類章法，包含有今昔法、久暫法、問答法等，它們也都具有某種程度的主從關係。大體而言，時間類章法的焦點多會凸顯在「今」、「暫」、「答」的內容中；而起著烘托作用的背景，常出現在較外圍的「昔」、「久」、「問」等部分。

　　以下簡介幾種常見的時間類章法：

1. 今昔法

　　定義：將時間中的「今」（現在）與「昔」（過去），依篇章需求作適當安排的章法。另外，在時間上構成短暫的今昔關係的「先後」法，亦屬今昔法的範疇。

　　美感與特色：「由昔而今」又稱「順敘」法，它最符合事物本身發展的自然規律。「由今而昔」又稱「逆敘」，它常是把美感情緒波動中，居於最激烈、最急促、最密集的結果和結局先呈現出來，所以印象最清楚。至於「今昔錯間」又稱作「追敘」，多形成「今、昔、今」結構，由於它是「由

今而昔」再次迴筆寫到現在，同樣是把美感情緒波動最密集的部分提前來寫，甚至在結尾將激烈的美感情緒再次重現，與前文形成呼應，故能產生餘韻不絕的美感效果。

2. 久暫法

定義：「久」指的是長時間，「暫」指的是短時間，將文學作品的長、短時間作適當安排的章法。

美感與特色：「由暫而久」就是由短暫的一剎那，將時間不斷地拉長，它往往在起首很急促，繼而稍緩，然後漸趨悠長，由極有限的時間推向無限的時間，使讀者的情緒上產生一種悠然不盡、餘音嫋嫋的遠韻。至於「由久而暫」則是將悠長的時間逐步濃縮到一剎那，由冗長而漸短，愈到結尾愈急促，終至忽然斷截，在生理、心理上升起一種意有未盡、戛然收束的趣味。

3. 問答法

定義：問答法是以「提問」和「回答」來組織篇章的一種方式。

美感與特色：最常見的是「先問後答」形式，它能製造懸疑、緊張、與期待的氣氛，生發美感情緒的波動，並使內在意脈的流貫自然地連結成為一個和諧的統一體。

(二)課文分析

如楊喚〈夏夜〉：

例文

蝴蝶和蜜蜂們帶著花朵的蜜糖回來了，
羊隊和牛群告別了田野回家了，
火紅的太陽也滾著火輪子回家了，
當街燈亮起來向村莊道過晚安，
夏天的夜就輕輕地來了。
來了！來了！
從山坡上輕輕地爬下來了。
來了！來了！
從椰子樹梢上輕輕地爬下來了。
撒了滿天的珍珠和一枚又大又亮的銀幣。

美麗的夏夜呀！
涼爽的夏夜呀！
小雞和小鴨們關在欄裡睡了。
聽完了老祖母的故事，
小弟弟和小妹妹也闔上眼睛走向夢鄉了。
（小妹妹夢見她變做蝴蝶在大花園裡忽東忽西地飛，
小弟弟夢見他變做一條魚在藍色的大海裡游水。）
睡了，都睡了！
朦朧地，山巒靜靜地睡了！
朦朧地，田野靜靜地睡了！
只有窗外瓜架上的南瓜還醒著，
伸長了藤蔓輕輕地往屋頂上爬。

只有綠色的小河還醒著，
低聲地歌唱著溜過彎彎的小橋。
只有夜風還醒著，
從竹林裡跑出來，
跟著提燈的螢火蟲，
在美麗的夏夜裡愉快地旅行。

結構表

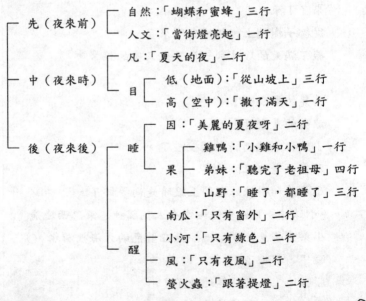

```
     ┌ 先（夜來前）┬ 自然：「蝴蝶和蜜蜂」三行
     │             └ 人文：「當街燈亮起」一行
     │
     │             ┌ 凡：「夏天的夜」二行
     ├ 中（夜來時）┤         ┌ 低（地面）：「從山坡上」三行
     │             └ 目 ┤
     │                     └ 高（空中）：「撒了滿天」一行
     │
     │             ┌ 因：「美麗的夏夜呀」二行
     │             │     ┌ 雞鴨：「小雞和小鴨」一行
     │             │ 果 ┤ 弟妹：「聽完了老祖母」四行
     └ 後（夜來後）┤ 睡   └ 山野：「睡了，都睡了」三行
                   │
                   │ 醒 ┬ 南瓜：「只有窗外」二行
                   └   ├ 小河：「只有綠色」二行
                       ├ 風：「只有夜風」二行
                       └ 螢火蟲：「跟著提燈」二行
```

說明

　　因為事物運動變化的發展過程，不可能自時間要素中抽

離，因此，以時間為線索來運材佈局，是文人極為常用的手法。如〈夏夜〉依照「夜來前」、「夜來時」、「夜來後」的先後順序，透過主觀的想像，與擬人法的運用，描寫夏夜景物之美好與愉悅之情，就一個典型的例子。

全詩分二節，第一節分從「蝴蝶和蜜蜂」、「羊隊和牛群」、「火紅的太陽」等自然景，與「街燈亮起」的人文景，寫夜來前的情景；再以「夏天的夜就輕輕地來了」一句，直接點明夜的來臨。經由一高一低的視角轉換，推展出由地面到天空這一連串的空間，有層次、有變化，並讓珍珠與銀幣把夏夜妝點得富麗而堂皇。第二節，則是描寫夜來後的景象。由夜初而夜深，在夜的變化推移過程中，小雞小鴨睡了，小弟弟小妹妹睡了，山巒田野也睡了，大地一片靜謐。在此，詩人為了凸顯夏夜的寧靜，特意安排南瓜、小河、夜風、螢火蟲的「動」，彰顯了夜的「靜」，並襯托出大自然的一片盎然生機。（參考陳滿銘《文章結構分析》、李元洛《詩美學》）

又如朱自清〈背影〉：

例文

我與父親不相見已二年餘了，我最不能忘記的是他的背影。

那年冬天，祖母死了，父親的差使也交卸了，正是禍不單行的日子！我從北京到徐州，打算跟著父親奔喪回家。到徐州見著父親，看見滿院狼藉的東西，又想起

祖母，不禁簌簌地流下眼淚。父親說：「事已如此，不必難過，好在天無絕人之路！」

回家變賣典質，父親還了虧空，又借錢辦了喪事。這些日子，家中光景很是慘澹，一半為了喪事，一半為了父親賦閒。喪事完畢，父親要到南京謀事，我也要回北京念書，我們便同行。

到南京時，有朋友約去遊逛，勾留了一日；第二日上午便須渡江到浦口，下午上車北去。父親因為事忙，本已說定不送我，叫旅館裡一個熟識的茶房陪我同去。他再三囑咐茶房，甚是仔細。但他終於不放心，怕茶房不妥帖，頗躊躇了一會。其實我那年已二十歲，北京已來往過兩三次，是沒有什麼要緊的了。他躊躇了一會，終於決定還是自己送我去。我兩三回勸他不必去，他只說：「不要緊，他們去不好！」

我們過了江，進了車站。我買票，他忙著照看行李。行李太多了，得向腳夫行些小費才可過去。他便又忙著和他們講價錢。我那時真是聰明過分，總覺他說話不大漂亮，非自己插嘴不可。但他終於講定了價錢，就送我上車。他給我揀定了靠車門的一張椅子，我將他給我做的紫毛大衣鋪好座位。他囑我路上小心，夜裡要警醒些，不要受涼，又囑託茶房好好照應我。我心裡暗笑他的迂，他們只認得錢，託他們直是白託！而且我這樣大年紀的人，難道還不能料理自己麼？唉！我現在想想，那時真是太聰明了！

我說道：「爸爸，您走吧！」他望車外看了看，

說：「我買幾個橘子去，你就在此地不要走動。」我看
那邊月臺的柵欄外，有幾個賣東西的等著顧客。走到那
邊月臺，須穿過鐵道，須跳下去又爬上去。父親是一個
胖子，走過去自然要費事些。我本來要去的，他不肯，
只好讓他去。我看見他戴著黑布小帽，穿著黑布大馬
褂，深青布棉袍，蹣跚地走到鐵道邊，慢慢探身下去，
尚不大難。可是他穿過鐵道，要爬上那邊月臺，就不容
易了。他用兩手攀著上面，兩腳再向上縮，他肥胖的身
子向左微傾，顯出努力的樣子。這時我看見他的背影，
我的淚很快地流下來了。我趕緊拭乾了淚，怕他看見，
也怕別人看見。我再向外看時，他已抱了朱紅的橘子望
回走了。過鐵道時，他先將橘子散放在地上，自己慢慢
爬下，再抱起橘子走。到這邊時，我趕緊去攙他。他和
我走到車上，將橘子一股腦兒放在我的皮大衣上。然後
撲撲衣上的泥土，心裡很輕鬆似的。過一會說：「我走
了，到那邊來信！」我望著他走出去。他走了幾步，回
過頭看見我，說：「進去吧，裡邊沒人！」等他的背影
混入來來往往的人叢裡，再找不著了。我便進來坐下，
我的眼淚又來了。

　　近幾年來，父親和我都是東奔西走，家中光景，一
日不如一日。我北來後，他寫了一封信給我，信中說
道：「我身體平安，惟膀子疼痛得屬害，舉箸提筆，諸
多不便，大約大去之期不遠矣！」我讀到此處，在晶瑩
的淚光中，又看見那肥胖的青布棉袍、黑布馬褂的背
影。唉！我不知何時再能與他相見！

結構表

```
┌─ 今:「我與父親不相見……是他的背影」
│        ┌─ 送行前:「那年冬天……勾留了一日」
├─ 昔 ┤
│        └─ 送行時:「第二日上午……我的眼淚又來了」
└─ 今:「近幾年來……再能與他相見」
```

說明

　　本文結構凝煉精美,作者又善於抓住瞬息間的生活感受,藉著「背影」這一主題,深刻表現父親對子女的慈愛與關懷,於是成為描寫父愛的代表作。

　　在時間的安排上,它採用了「今、昔、今」結構,首段是「今」的部分,開門見山的直接把題目點了出來。第二、三、四、五段,則是「昔」的部分,交代因為祖母過世、父親丟了差事,父子兩人一道回揚州奔喪,再一道回到南京,父親如何不放心茶房而決定自己送兒子上火車的前因後果。然後再依先後順序,詳實敘寫父親對兒子的關懷,以父親的照看行李、和腳夫講價錢、揀定車位、鋪紫毛大衣、囑託茶房照應等等一連串的動作做為鋪墊,預為父親穿越月臺買橘子這一件事,振起最大的烘托作用,也為全文帶來最高潮。雖然全篇沒有一字提及父親的面貌,但是作者透過背影,由表及裡地揭示了父親的內心世界,從而使父親的形象栩栩如生地躍出紙面。最後一段,時間又回到了「現在」,在晶瑩的淚光中,對父親的思念之情,奔瀉於字裡行間。

綜觀全文，「昔」與「今」，兩種不同的時間並列在一起，使過去與現在兩種時空並立，加強了時空流變的感受，使人具有歷史的縱深感，引人無限的低迴與喟嘆。值得一提是，「今、昔、今」結構中的「今」與「今」之間，除了形成一種均衡對稱的美感，也因為兩者比較貼近於「調和」的關係而形成陰柔形態，給人一種優美、輕柔、風致、深沉之感。（參考李元洛《詩美學》、海風出版社《朱自清》）

又如洪醒夫〈紙船印象〉：

略。

結構表

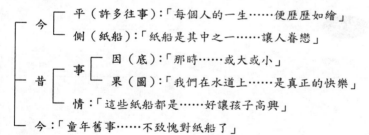

```
    ┌ 今 ┌ 平（許多往事）：「每個人的一生……便歷歷如繪」
    │    └ 側（紙船）：「紙船是其中之一……讓人眷戀」
┌───┤         ┌ 事 ┌ 因（底）：「那時……或大或小」
│   │ 昔 ┤    └ 果（圖）：「我們在水道上……是真正的快樂」
│   │    └ 情：「這些紙船都是……好讓孩子高興」
    └ 今：「童年舊事……不致愧對紙船了」
```

說明　

全文從「紙船」的印象切入，引發一段美好的童年回憶與對母親的懷念之情，形成「今、昔、今」結構。第一個

「今」的部分，先平提人的一生所遭遇的許多往事，有的似雲煙、似春花、似秋草，有的熱鐵烙膚，有的原本只是童年歲月的尋常瑣事，日後回想起來，卻成了生命中最亮麗充實的記憶；於是很自然地側注到「紙船」上，並拉開童年雨天時光玩紙船遊戲的記憶。「昔」的部分，先交代放紙船的天候與地點，再從視覺的角度，把焦點凝注於形色各異的紙船上，細緻描繪當年紙船競逐、或沉或浮、或單或連的情景；最後，特意地把鏡頭聚焦於母親那一雙滿是厚繭的粗糙的手，凸顯了為人母的慈愛與巧思，並道出自己心中最深層的感念之情。末段以「童年舊事，歷歷在目」二句，自然而巧妙地把時間的推移又引渡到「而今」，期勉自己也能仿效母親的心，「為子女摺出一艘艘未必漂亮但卻堅強的、禁得住風雨的船」，讓愛、讓記憶中的紙船，世代綿延。

又如張春榮〈接力〉：

略。

結構表

```
┌─ 今:「她看見自己的名字……歡喜得掉下淚」
│        ┌─ 點:「自小學二年級……桃園的大哥領養」
│   昔    │        ┌─ 先:「最先來看她的……將繼續認養」
│        └─ 染 ─┼─ 中:「再來看她的……受傷時的座右銘」
│                 └─ 後:「等她讀高一……用功讀書的信念」
└─ 今:「喜坐書桌前……成為另一個起點」
```

說明

　　這是一篇極短篇小說，文意淺近，情味雋永。作者試圖以最少的文字，刻劃出一個感人肺腑的人助自助、感恩圖報的故事，使認養者與被認養者之間，完成了一場「愛的接力」。它也是採用了「今、昔、今」結構。首尾兩段是「今」的部分，敘寫被認養者見到自己考上了公費大學而欣喜落淚，坐在書桌前，提筆告知「大哥」這一個喜訊的情景。中間四段，依「先、中、後」的順序，由「陳大哥」而「林大哥」乃至「吳大哥」等人物的變換，帶出時間的流逝感；而那一個原本羞怯而不敢開口的小女孩，也漸漸學會以孫悟空「哭不得，只好笑了」的生命哲學做為自我砥礪的座右銘，並堅定了努力向上的信念。由稚嫩而成熟，於是，她自己成為另一個「起點」、另一個「認養者」，傳承「愛」的接力賽。

又如王鼎鈞〈成熟〉：

例文

略。

結構表

```
      ┌ 蚌：「如果你是……舒舒服服的活著」
  ┌敲 ┼ 老鼠：「如果你是……還是不吃」
  │   └ 撲滿：「早期的撲滿……做哪一種撲滿」
──┤
  │   ┌ 先：「年輕的朋友們……答案不同」
  └擊 ┼ 中：「你把試題藏好……答案不同」
      └ 後：「直到有一天……你成熟了」
```

說明

　　王鼎鈞擅長以一篇篇短而小的故事，來闡發人生的道理，文字簡練而寓意深刻。〈成熟〉一文採「先敲後擊」形式，先以蚌、老鼠、撲滿為喻，一連提出了三個沒有標準答案的問題，激發讀者的深思。蚌凝結成珍珠，卻得一生受苦；撲滿成為古董，卻不能物盡其用；而面對「捕鼠器」（困境）的老鼠，選擇安逸還是逃困？面對這種「兩難」的景況所提出的答案，也多會隨著人生閱歷與學養的變遷而不同。一如張潮在《幽夢影》中所說：「少年讀書，如隙中窺月；中年讀書，如庭中望月；老年讀書，如臺上玩月。皆以閱歷之淺深，為所得之淺深耳。」作者也利用讀者思索問題

之際，趁勢為所謂的「成熟」提出了定義——「直到有一天，你的答案不再變動」，「那就是你成熟了」。人生常常不能兩全其美，只要能堅定自己的選擇，認真而無悔地綻放自己生命的光彩，缺憾就是另一種圓滿。

又如〈木蘭詩〉：

例文

　　唧唧復唧唧，木蘭當戶織。不聞機杼聲，唯聞女嘆息。問女何所思？問女何所憶？「女亦無所思，女亦無所憶。昨夜見軍帖，可汗大點兵；軍書十二卷，卷卷有爺名。阿爺無大兒，木蘭無長兄，願為市鞍馬，從此替爺征。」

　　東市買駿馬，西市買鞍韉，南市買轡頭，北市買長鞭。朝辭爺孃去，暮宿黃河邊；不聞爺孃喚女聲，但聞黃河流水鳴濺濺。旦辭黃河去，暮至黑山頭；不聞爺孃喚女聲，但聞燕山胡騎聲啾啾。

　　萬里赴戎機，關山度若飛。朔氣傳金柝，寒光照鐵衣。將軍百戰死，壯士十年歸。歸來見天子，天子坐明堂。策勳十二轉，賞賜百千強。可汗問所欲，「木蘭不用尚書郎，願借明駝千里足，送兒還故鄉。」

　　爺孃聞女來，出郭相扶將。阿姐聞妹來，當戶理紅妝。小弟聞姐來，磨刀霍霍向豬羊。開我東閣門，坐我西閣床。脫我戰時袍，著我舊時裳。當窗理雲鬢，對鏡貼花黃。出門看火伴，火伴皆驚惶，同行十二年，不知

木蘭是女郎。

　　雄兔腳撲朔，雌兔眼迷離。兩兔傍地走，安能辨我是雄雌？

結構表

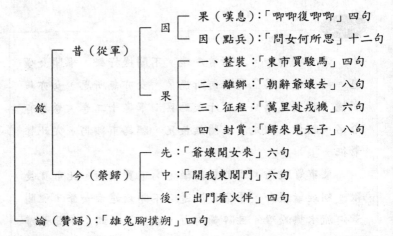

說明

　　從整體上來看，這首詩採用了「由敘而論」結構。在「敘」的部分，即依「由昔而今」的順序寫成。首段以設問、由果及因的方式，說明木蘭代父從軍的原因。這是整個故事的前奏、引子，為後面的整裝、出征、凱旋預先作好鋪路的工作。「東市買駿馬」四句，藉木蘭快速整裝軍備的情形，塑造出一個女英雄的形象來，不但與下文的征程、凱旋相呼應，也與恢復女兒身後的形象相映照。「朝辭爺孃去」

八句，以「朝」「暮」、「黃河」「黑山」等由近及遠的時空推移，既點出行軍速度之快，又寫出征途的所見所感，襯托木蘭對父母的思戀之情。這裡除了有引出征程的作用，又與榮歸時的歡喜心情形成鮮明的對照。「萬里赴戎機」六句，先寫出征的節節勝利，次寫征戍苦寒的生活，再寫歷經長期征戰後終於凱旋歸來。詩人在這個部分，以最精鍊之筆，言簡意賅地勾勒出一個「智勇雙全」的女英雄形象。

　　「歸來見天子」八句，緊承上句的「歸」字，以問答的方式，極力鋪染木蘭的軍功與天子的封賞，高明地襯托出木蘭的孝心與保家衛國的忠心。「爺孃聞女來」以下，則是順著故事情節的發展，敘寫木蘭榮歸、家人重聚、換上舊裝、同伴驚惶的情形。「雄兔腳撲朔」四句，既是木蘭的自豪語，也是作者對木蘭的頌揚，頌揚木蘭巾幗不讓鬚眉的智慧與英勇。全詩不避雷同地運用了大量的類疊語句，反覆吟詠，既生動描繪出主人翁的神態，又呈現和諧有致的節奏感，形成民歌特有的情調。（參考陳滿銘《文章結構分析》）

　　又如羅貫中〈空城計〉：

例文

　　孔明分撥已定，先引五千兵去西城縣搬運糧草。忽然十餘次飛馬報到，說司馬懿引大軍十五萬，望西城縣蜂擁而來。時孔明身邊並無大將，止有一班文官；所引五千軍，已分一半先運糧草去了，只剩二千五百軍在城中。眾官聽得這消息，盡皆失色。

　　孔明登城望之，果然塵土沖天，魏兵分兩路望西城縣殺來。孔明傳令：眾將旌旗盡皆藏匿；諸軍各守城鋪，如有妄行出入及高聲言語者，立斬；大開四門，每一門上用二十軍士，扮作百姓，灑掃街道；如魏兵到時，不可擅動，吾自有計。孔明乃披鶴氅，戴綸巾，引二小童，攜琴一張，於城上敵樓前，憑欄而坐，焚香操琴。

　　卻說司馬懿前軍哨到城下，見了如此模樣，皆不敢進，急報與司馬懿。懿笑而不信，遂止住三軍，自飛馬遠遠望之，果見孔明坐於城樓之上，笑容可掬，焚香操琴。左有一童子，手捧寶劍；右有一童子，手執麈尾；城門內外有二十餘百姓，低頭灑掃，旁若無人。

　　懿看畢，大疑，便到中軍，教後軍作前軍，前軍作後軍，望北山路而退。次子司馬昭曰：「莫非諸葛亮無軍，故作此態，父親何故便退兵？」懿曰：「亮平生謹慎，不曾弄險。今大開城門，必有埋伏。我軍若進，中其計也，汝輩焉知？宜速退。」

　　於是兩路兵盡皆退去，孔明見魏軍遠去，撫掌而笑。眾官無不駭然，乃問孔明曰：「司馬懿乃魏之名將，今統十五萬精兵到此，見了丞相，便速退去，何也？」孔明曰：「此人料吾平生謹慎，必不弄險；見如此模樣，疑有伏兵，所以退去。吾非行險，蓋因不得已而用之。此人必引軍投山北小路去也。吾已令興、苞二人在彼等候。」

　　眾皆驚服，曰：「丞相玄機，神鬼莫測。若某等之

見，必棄城而走矣。」孔明曰：「吾兵止有二千五百，
若棄城而走，必不能遠遁，得不為司馬懿所擒乎？」言
訖，拍手大笑曰：「吾若為司馬懿，必不便退也。」

結構表

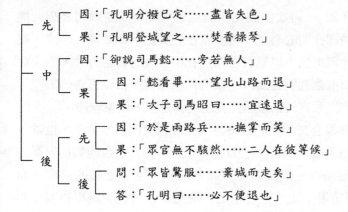

```
    ┌ 先 ┬ 因：「孔明分撥已定……盡皆失色」
    │    └ 果：「孔明登城望之……焚香操琴」
    │
    │    ┌ 因：「卻說司馬懿……旁若無人」
  ──┼ 中 ┤    ┌ 因：「懿看畢……望北山路而退」
    │    └ 果 ┤
    │         └ 果：「次子司馬昭曰……宜速退」
    │
    │    ┌ 先 ┬ 因：「於是兩路兵……撫掌而笑」
    │    │    └ 果：「眾官無不駭然……二人在彼等候」
    └ 後 ┤
         └ 後 ┬ 問：「眾皆驚服……棄城而走矣」
              └ 答：「孔明曰……必不便退也」
```

說明

　　本文選自《三國演義》第九十五回「馬謖拒諫失街亭，
武侯彈琴退仲達」。街亭是蜀軍屯糧之地，又可遙控魏地三
大城池，因為馬謖不聽王平的勸諫，妄作主張，結果街亭、
列柳城盡為魏兵所奪。孔明只好重作部署，引了五千士兵到
西城搬運糧草，結果司馬懿率領大軍望西城縣殺來，因而發
生了歷史小說中膾炙人口的〈空城計〉。

　　故事情節依戰事發生的先後順序鋪陳，先以十餘次的飛

馬來報，渲染軍情緊急的氣氛與眾官的驚恐之情。繼而以緊
湊短促、明快有力的權威語氣，下達軍令，展現孔明處變不
驚、慎謀能斷的機智、沉著與從容。孔明在敵樓上焚香操琴
的景象，和司馬懿十五萬大軍恰形成強烈的對比，映照出
「山雨欲來風滿樓」的緊張氣氛。羅貫中在此，藉司馬懿之
口，道出空城計之所以能成功的關鍵，在於「亮平生謹慎，
不曾弄險」，再次強調孔明的沉著與從容；並以司馬昭的提
問、猜透孔明的心思，使文章在此興起一陣波瀾。最後，司
馬懿大軍退去，以眾官驚問、孔明笑答的對話方式，把成功
關鍵再度讓孔明說出來，闡明知己知彼、百戰百勝的道理。
文末則以眾官的稱讚語與孔明的得意語，收束全篇。

　　綜觀全文，除了善用時間先後來交代情節始末，也善於
運用因果法、問答法。因為以對話的方式，自能製造懸疑、
緊張的氣氛，生發美感情緒的波動，造成整體的呼應。而
「先因後果」法，在心理上，則是符合人們認識事物與思想
發展的邏輯，只要掌握了行文脈理，讀者自然能融入作者所
穿插渲染的故事情節中。（參考許恂儒《作文百法》、黃永武
《中國詩學──鑑賞篇》、仇小屏《篇章結構類型論》）

　　又如奚淞〈美濃的農夫琴師〉：

　　略。

結構表

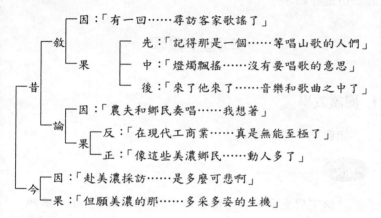

```
        ┌因：「有一回……尋訪客家歌謠了」
      ┌敘        ┌ 先：「記得那是一個……等唱山歌的人們」
      │  └果── ┬ 中：「燈燭飄搖……沒有要唱歌的意思」
┌昔─ ┤        └ 後：「來了他來了……音樂和歌曲之中了」
│     │  ┌因：「農夫和鄉民奏唱……我想著」
│     └論      ┌反：「在現代工商業……真是無能至極了」
│        └果─ ┤
│              └正：「像這些美濃鄉民……動人多了」
└今 ┬因：「赴美濃採訪……是多麼可悲啊」
    └果：「但願美濃的那……多采多姿的生機」
```

說明

　　作者以說故事的筆調，以藝術家獨具的敏銳觀察力，娓娓道出到美濃做民俗採訪時，與客家山歌邂逅的經驗。全文採「先昔後今」結構，「昔」的部分，依時間的先後順序，記採訪的緣由、聆聽的過程、與聆聽後的一些省思。作者善於運用對比技巧，令樸素的廟堂與腔調繁複的客家歌謠、金剛羅漢般的農夫琴師與民間藝術、一雙粗糙的手與細膩多采的音律、自在親切的民謠聚會與肅穆專業的演奏臺，形成明暗、動靜、簡繁、起伏有致的張力。氣氛鋪展得宜，形象塑造準確，雖不加言詮，卻自然呈現出民謠真誠感人而旺盛的創發力，表達了豐厚深遠的言外之意。「今」的部分，則再次抒發對美濃民歌的想念，並表達了現今庸俗化、模式化的

電視娛樂，已大量取代民俗藝術的深切憂慮；最後以期盼現代人能從事多樣性的思維和創造性的文化活動作收，既是省思，也是呼籲。

(三)延伸教學

1. 閱讀教學

如賈島〈尋隱者不遇〉：

> **例文**
>
> 松下問童子，言師採藥去。只在此山中，雲深不知處。

閱讀小站

(　　) 1. 賈島〈尋隱者不遇〉是採用「先問後答」形式組成，請問「問句」是指第幾句？①第一句②第二句③第三句④第四句。

(　　) 2. 「言師採藥去。只在此山中，雲深不知處」這三句，是誰的回答？①賈島②童子③路人④師父。

(　　) 3. 「問答法」應該是屬於那一類的篇章結構？①虛實類②圖底類③時間類④空間類。

參考答案 ✍ 1.（1），2.（2），3.（3）。

結構表

```
┌─ 問（賈島）：「松下」句
│
└─ 答（童子）┌─ 泛：「言師」句
            └─ 具：「只在」二句
```

說明

　　這首詩採用「先問後答」形式組成，問者是賈島，答者是童子。問句在松樹下，答句已在松樹外；由「松下」這一個明確的「定點」，推向雲霧縹緲的無限空間。仔細推敲，可以發現詩中情感有起有伏，如「松下問童子」好像是「可遇」，「言師採藥去」則是「不可遇」；「只在此山中」好像還「可遇」，「雲深不知處」則直是「不可遇」了。再從「松」字推敲，則這必是一位詩人十分欽慕的隱者。可惜，尋而不遇，悵惘之情不言而喻，平淡中見深沉。

　　善用問答法，「一篇血脈自然連屬，渾然天成」，除了有聯絡作用，更有推深情意的功能。這是由於人們的心理，最容易對那些能對已有的問題作出解答的事物，產生濃厚的興趣。所以善用這種心理，自能製造懸疑、緊張、期待的氣氛，因而使內在的意脈，自然地連結成為一個統一體。這就是問答法的美妙之處。（參考黃永武《中國詩學──鑑賞篇》、仇小屏《篇章結構類型論》）

　　又如羅貫中《三國演義》（節選）：

　　一日，關、張不在，玄德正在後園澆菜，許褚、張遼引數十人入園中曰：「丞相有命，請使君便行。」玄德驚問曰：「有甚緊事？」許褚曰：「不知。只教我來相請。」玄德只得隨二人來相府見操。操笑曰：「在家做得好大事！」嚇得玄德面如土色。操執玄德手，直至後園曰：「玄德學圃不易。」玄德方纔放心，答曰：「無事消遣耳。」操曰：「適見枝頭梅子青青，忽感去年征張繡時，道上缺水，將士皆渴。吾心生一計，以鞭虛指曰：『前面有梅林。』軍士聞之，口皆生唾，由是不渴。今見此梅，不可不賞。又值煮酒正熟，故邀使君小亭一會。」玄德心神方定，隨至小亭，已設樽俎：盤置青梅，一樽煮酒。二人對坐，開懷暢飲。

　　酒至半酣，忽陰雲漠漠，驟雨將至。從人遙指天外龍挂，操與玄德憑欄觀之。操曰：「使君知龍之變化否？」玄德曰：「未知其詳。」操曰：「龍能大能小，能升能隱；大則興雲吐霧，小則隱芥藏形；升則飛騰於宇宙之間，隱則潛伏於波濤之內。方今春深，龍乘時變化，猶人得志而縱橫四海。龍之為物，可比世之英雄。玄德久歷四方，必知當世英雄。請試指言之。」

　　玄德曰：「備肉眼安識英雄？」操曰：「休得過謙。」玄德曰：「備叨恩庇，得仕於朝，天下英雄，實有未知。」操曰：「既不識其面，亦聞其名。」玄德曰：「淮南袁術，兵糧足備，可謂英雄。」操笑曰：「塚

中枯骨，吾早晚必擒之！」玄德曰：「河北袁紹，四世三公，門多故吏；今虎踞冀州之地，部下能事者極多，可謂英雄。」操笑曰：「袁紹色厲膽薄，好謀無斷；幹大事而惜身，見小利而忘命；非英雄也。」玄德曰：「有一人名稱八駿，威鎮九州，——劉景升可為英雄。」操曰：「劉表虛名無實，非英雄也。」玄德曰：「有一人血氣方剛，江東領袖，——孫伯符乃英雄也。」操曰：「孫策藉父之名，非英雄也。」玄德曰：「益州劉季玉，可為英雄乎？」操曰：「劉璋雖係宗室，乃守戶之犬耳，何足為英雄！」玄德曰：「如張繡、張魯、韓遂等輩，皆何如？」操鼓掌大笑曰：「此等碌碌小人，何足挂齒！」玄德曰：「舍此之外，備實不知。」操曰：「夫英雄者，胸懷大志，腹有良謀；有包藏宇宙之機，吞吐天地之志者也。」玄德曰：「誰能當之？」操以手指玄德，後自指曰：「今天下英雄，惟使君與操耳。」

　　玄德聞言，吃了一驚，手中所執匙筯，不覺落於地下。時正值天雨將至，雷聲大作。玄德乃從容俯首拾筯曰：「一震之威，乃至於此。」操笑曰：「丈夫亦畏雷乎？」玄德曰：「聖人迅雷風烈必變，安得不畏？」將聞言失筯緣故，輕輕掩飾過了，操遂不疑玄德。

閱讀小站

（　　）1. 本文依照故事情節發展來鋪陳，在時間的安排上，

這是屬於①順敘法②倒敘法③插敘法④補敘法。

（　）2. 曹操認為天下的英雄，是那兩人？①袁術、袁紹②劉表、孫策③張繡、張魯④曹操、劉備。

（　）3. 曹操把英雄比喻為龍，因為真英雄①能大能小，能升能隱。②色厲膽薄，好謀無斷。③有包藏宇宙之機，吞吐天地之志。④幹大事而惜身，見小利而忘命。

參考答案 ☞1.（1），2.（4），3.（3）。

結構表

```
┌ 先：「一日……隨二人入府見操」
├ 中：「操笑曰……二人對坐，開懷暢飲」
│      ┌ 因：「酒至半酣，忽陰雲漠漠……請試指言之」
└ 後 ┤      ┌ 因：「玄德曰……今天下英雄，惟使君與操耳」
       └ 果 ┤
              └ 果：「玄德聞言，吃了一驚……操遂不疑玄德」
```

說明

本文節選自《三國演義》第二十一回「曹操煮酒論英雄，關公賺城斬車冑」。故事情節緊承著第二〇回「曹阿瞞許田打圍，董國舅內閣受詔」，描寫曹操引十萬之眾與獻帝狩獵於許田，曹操以天子的弓箭射中了一頭鹿，竟縱馬直出接受萬人的歡呼，群臣卻是敢怒而不敢言。結果，董承懷獻帝的詔書與劉備商議，想要圖謀國賊。而劉備為了預防曹操

謀害，於是在後園種菜，親自澆灌，作為韜晦之計。一日，
劉備正在後園澆菜，曹操派人來尋劉備煮酒賞梅，因而發生
了歷史小說上有名的「煮酒論英雄」的故事。羅貫中一方面
依照故事情節的發展依序鋪陳，一方面藉著曹操問劉備答、
曹操駁劉備再答的連問連答的形式，把當時擁兵自重、逐鹿
中原的群雄眾生相，一一指點出來，既增強了文章的氣勢，
也營造出緊張的氣氛。然後再層層進逼核心，指出「今天下
英雄，惟使君與操耳」這一個結論來。

　　羅貫中在此，特意以「塚中枯骨」的袁術，「色厲膽
薄，好謀無斷」的袁紹，「虛名無實」的劉表，「藉父之名」
的孫策，「守戶之犬耳」的劉璋，與「碌碌小人」的張繡、
張魯、韓遂等人，做為陪襯的角色，一一說明他們不能如龍
一般乘時變化、「得志而縱橫四海」的原因，並凸顯出「胸
懷大志，腹有良謀；有包藏宇宙之機，吞吐天地之志」的真
英雄形象。在這一段情節中，不僅表現了曹操過人的見識、
與知人之智，也把劉備聞言失筋、一味裝呆作癡的神態刻劃
得十分入微。

　　又如杜甫〈解悶〉：

例文

　　一辭故國十經秋，每見秋瓜憶故邱。今日南湖采薇
蕨，何人為覓鄭瓜州。

閱讀小站

（　）1. 本詩在時間的安排上，依照「故國」、「故邱」、「今日」的次序，這是屬於那一種章法結構？①由遠而近②由近而遠③由昔而今④由今而昔。

（　）2. 詩中運用了伯夷、叔齊隱居在首陽山，「采薇蕨」而食的典故；由此可以推知，詩中主角鄭審現今的景況，應是①飛黃騰達②平步青雲③溫馨熱鬧④寥落感傷。

參考答案　☞ 1.（3），2.（4）。

結構表

```
      ┌ 因：「一辭故國」句
  ┌ 昔┤
  │   └ 果：「每見秋瓜」句
──┤
  │   ┌ 因：「今日南湖」句
  └ 今┤
      └ 果：「何人為覓」句
```

說明

　　本詩選自〈解悶〉十二首之其二，是杜甫「即事懷人憶故居，因而憶鄭監」之作。杜甫曾有詩作，題為〈秋日夔府詠懷奉寄鄭監審李賓客之芳一百韻〉；「監」是官名，「鄭監」就是人稱「鄭瓜州」的鄭審。據《全唐詩話續編》記載，鄭

審乃「開元時人，大曆初，為祕書監；三年，出為江陵少
尹」。全詩採「先昔後今」結構，首句以一「故」字，寫十
年前的辭別；次句再以一「故」字，寫十年後的追憶。故邱
有瓜州，是鄭審所居之地。鄭審在做祕監的時候，訪者絡繹
於途；而今謫居在南湖，又有誰會來訪覓呢？因此，三、四
句，詩人以「采薇蕨」、何人覓瓜州，點出了今日謫居的景
象。炎涼的世態、冷暖的人情，在今昔榮枯的對映之下，深
藏其中的寥落與感傷，自是不言可喻。詩人共用了二個
「故」字、二個「秋」字、二個「瓜」字，表現出「文情遊
戲，天機爛漫」之妙，更見連環映帶的巧思。（參考黃永武
《中國詩學－鑑賞篇》）

2. 寫作教學

(1)寫作練習

甲、請選擇一個「曾經」陪伴自己成長、「曾經」陪伴
自己度過生命中一段美好時光的「寶貝」，它（牠）可能是
一隻玩具熊、動物、或是模型，請將它（牠）的暱稱、特
徵、來源，還有與它（牠）一起發生過最難以忘懷的事情、
及心情，一一記錄下來。

我的寶貝是	
暱　　稱	
來　　源	
外形、特徵 （大小、五官、身 形、色彩、造型等）	

心情故事	(一)	
	(二)	
	(三)	
其　　他		

乙、請以「我的寶貝」為主題，將自己收集到的材料，自訂一個適當的題目，並依據「今、昔、今」的結構，寫成一篇五百字左右的文章。（所收集的材料不須全部用上，可以挑選最重要的事件、心情或特徵，做詳細的描述，如此比較能凸出主題。）

(2)學生作品

〈躲避球與我〉

碰！「哥，你在發什麼呆？不是說好陪我練球的嗎？」弟弟抬頭望著我。我拾起黑白相間的躲避球，一手控球，一手搗著刺痛的臉孔，朝弟弟走去。「真是對不起，因為我忽然想起了以前的事。」我摸著弟弟的頭向他說。弟弟下禮拜六、日就要代表參加全國國小躲避球賽，我利用假日和弟弟一同練習，希望對比賽有些微的幫助。看著弟弟天真爛漫的模樣，彷彿看到小時後的我，看到那昔日率真熱情的我，以及對躲避球的熱情。

年幼的我，生性好動，一副天塌下來也不管的樣子，卻對躲避球充滿熱愛，把它視為好朋友般看待，每天形影相隨，早上和我一同出門上學，晚上則一起洗澡、一同睡覺，愛它比愛自己還要多。曾有一次，球不小心掉進了河裡，眼看就要被沖走，我立刻縱身跳入河中救球，差點連人帶球一

同滅頂，還好同學合力將我從死亡邊緣硬生生的拉了回來！

有一天，家裡收到了學校的通知，是老師邀請我加入學校校隊！從此，我和它不論遇到任何難題，彼此都互相砥礪。就這樣，因為它的陪伴，我們一路過五關斬六將，從友誼賽到地方賽，到最後的全國大賽。雖然最後只打進了前八強就慘遭淘汰，但是，我們一起留下了生命中最美好的回憶。

「哥，你又在發呆了喔！難怪老師說你上課都不專心。」弟弟手插著腰無奈的說。回過神來，我順手撿起了落在地上的躲避球，忽然興致一起，對著它大喊：「嘿！老朋友，你好嗎？」弟弟好似瞭解般，向我會心一笑。我攜著弟弟的手，再度向球場走去。（801　單得恩）

(3)引導與省思

在課文講解完畢後，先簡單介紹時間類章法的定義、內涵、特色，然後發下賈島〈尋隱者不遇〉等類文，令學生先試做「閱讀小站」的部分，以測驗學生是否真正掌握了時間類的章法特色與美感效果，再做文章結構與文意的賞析。

為了預防學生因不知從何下筆，隨便寫個三言兩語就交差了事，於是，我們先設計了一張「我的寶貝」的學習單，來引導學生要如何收集相關的寫作材料，提醒學生寫作的重點、技巧、與應注意事項。經過一步一步的講解引導後，再令學生利用課餘時間，進行思索與相關材料收集的工作，並告知下次寫作文的時間。第二次上課時，由老師先檢查學習單的寫作情形，再令學生自訂一個恰當的題目，在課堂上寫

作。

　　由於是以曾經陪伴自己成長、曾經陪伴自己度過生命中一段美好時光的「寶貝」，做為寫作的主題，學生顯然因為熟悉而有較強的掌握能力。加上事前重點式的類文解說，以及「今、昔、今」結構、學習單的引導，整體而言，與上一節的空間類章法相較起來，學生的駕馭能力顯得成熟許多。因此，在一個班級中，表現出色的作品，實在不少。因篇幅的緣故，僅以單得恩的〈躲避球與我〉為例說明。得恩選擇了小學時代熱衷的「躲避球」為主題，抒寫「兩人」曾經共度的一段最美好的時光。原本，段與段之間的聯絡照應，顯得不甚順暢；但經過指點與修改後，全文不僅完全依照「今、昔、今」結構來鋪陳文意，更因為有了弟弟的接棒，而彰顯了難能可貴的薪火承續之情。

────── ∽◎ 第六章 ◎∽ ──────

正襯類章法

(一)正襯類章法概說

正襯類章法，包含有賓主法、並列法、平側法、偏全法、敲擊法等。它常運用相類、相似性質的人事物，做為組織篇章的內容材料，以凸顯主旨。偏近於調和關係的正襯類章法，不論是建立在相似聯想基礎上的賓主法，自然與人事整體協調的天人法，局部與整體、特例與通例相互映襯的平側法、偏全法，或是藉「敲」加以引渡、旁推來呼應「擊」的敲擊法，多會因性質形象的類同，容易產生知覺上單純而一體之感，使人覺得融洽、鎮靜、深沉、與優美；整體也因豐富又協調，形成和諧統一的效果。

以下簡介幾種常見的正襯類章法：

1. 賓主法

定義：運用輔助材料（賓），來凸顯主要材料（主），從而有力地傳達出主旨的一種章法。

美感與特色：從「相似」或「相反」的聯想，去尋找輔

助的「賓」，以烘托出「主」。若採反面的「賓」來襯托「主」，易形成對比美；「陪襯之材料」，若 是「在主之正面」，則易形成調和美。也因為「賓」、「主」又同時為主旨服務，故可產生整體的統一美。

2. 並列法

定義：並列結構成分都是圍繞著主題，從各個方面、角度來闡發主旨；而且彼此之間的關係不分「賓」、「主」，也未形成層次。

美感與特色：它多形成整齊的美感，可破除單調增加變動的情趣；而反覆回環的節奏，又可增強文章的韻律感。並列結構的各成分之間，「形散而神不散」，在主旨的統攝下指向和諧的統一，相當合乎美的規律。

3. 平側法

定義：「平」，指平提；「側」，指側注。平提側注法就是以同等的地位將所要論說或敘述的幾個重點加以提明，然後特別側重於其中一點或兩點來收結的章法。

美感與特色：任何藝術作品在反映主觀世界時無不有所側重，為了凸出某一特徵，就予以擴大、加強，使之佔有明確主導的地位，構成「側重」的藝術美。而「側」是文章重心所在，又有回繳整體、收束凸出的功效，使作品更顯精錬、含蓄，以臻達「言有盡而意無盡」的境界。

4. 偏全法

定義：運用局部與整體、特例與通則的相應條理來組合材料的章法。

美感與特色：由於偏全法比較著眼於事、理、時、空的部分與全部、特殊與一般，因此極易產生集中收束與擴大的美感。

5. 敲擊法

定義：「擊」通指一般的「打」，「敲」則專指從旁而來的「打」；移用於章法，則「敲」專指側寫，「擊」專指正寫。

美感與特色：因為「擊」著眼於人、事、物的正面，具有全體觀照的效果；而著眼於側寫的「敲」，容易凸出某一定點，可揭示「側重」的藝術美。而敲、擊的逐次展開論述，既可凸顯局部又可照應全體，因此論述自是周延而圓融。

(二)課文分析

如陳醉雲〈蟬與螢〉：

略。

結構表

```
┌ 賓 ┬ 目 ┬ 一、蟬鳴（聽）:「夏秋之間……代表白晝的頌聲」
│     │    └ 二、螢光（視）:「當夏秋之間……更覺得可愛嗎」
│     └ 凡 :「在這個熱惱……無從加以軒輊」
└ 主（人）:「讓我們記著吧……無謂的藐視了」
```

說明

　　本文採用「先賓後主」形式，藉白晝的蟬鳴與夜晚的螢光，來闡述人「各有各的長處」，不能加以鄙視的道理，深具警世的意味。「賓」的部分，著重於聽覺與視覺兩方面來敘寫。前三段介紹蟬，以其他愛在清涼的夜歌唱的鳴蟲，凸顯出獨愛在炎熱的白晝裡嗷嘯的蟬，兩者形成對比的效果，又寄有「本以高難飽，徒勞恨費聲」，「煩君最相警，我亦舉家清」（李商隱〈蟬〉）的高潔意味。四到七段接著描寫螢火蟲晃漾在草叢、林邊、水際的景象。作者把牠比擬為天上的星星，甚至比之更為迷離、玲瓏，引人產生無限的想像與遐思；最後再引用杜牧的詩句，為點點流螢營造一份盎然的詩意。

　　又如劉禹錫〈陋室銘〉：

例文

　　山不在高，有仙則名。水不在深，有龍則靈。斯是

陋室，惟吾德馨。苔痕上皆綠，草色入簾青。談笑有鴻儒，往來無白丁。可以調素琴，閱金經。無絲竹之亂耳，無案牘之勞形。南陽諸葛廬，西蜀子雲亭。孔子云：「何陋之有？」

結構表

```
┌ 賓（自然）┬ 山：「山不」二句
│          └ 水：「水不」二句
│
│          ┌ 目 ┬ 主（劉禹錫）┬ 凡：「斯是」二句
│          │    │            ├ 目 ┬ 自然：「苔痕」二句
└ 主（人）─┤    │            │   └ 人文：「談笑」六句
           │    └ 賓 ┬ 諸葛：「南陽」句
           │         └ 子雲：「西蜀」句
           └ 凡：「孔子」二句
```

說明

　　〈陋室銘〉是以「先賓後主」形式寫成，起篇四句，是「賓」的部分，分別以山水、仙龍為喻依，形成一反一正、一抑一揚的行文變化，正面襯起陋室、引出喻體「德馨」。「斯是陋室」以下十四句，是「主」的部分，承接開篇四句，緊扣到自己身上，凸顯出一個「德」字貫串全文。「陋室之可銘在德之馨，不在室之陋也。惟有德者居之，則陋室之中，觸目皆成佳趣」。因此，有德性的馨香，就可以忘卻屋室的簡陋；有德性的馨香，則「苔痕」二句所寫的室中

景、「談笑」二句所寫的室中人、與「可以調素琴」四句所寫的室中事，都因而綻放出安貧自適的樂趣與盎然的生機。最後，再透過事典、語典，以諸葛亮與揚雄為「主中賓」，正面襯起「主中主」的劉禹錫；再舉「孔子言」，以收束全文，「引證陋室，應德馨結」，具有十足的逸趣。

通篇由「惟吾德馨」四字衍出，以「主」統帥全篇，或以仙龍為襯，或以古事古語為襯，以「賓」正面烘托「主」，故文章時有變化，佈滿光彩。如丹葩吐豔、綠葉扶持，既凸顯了主體，又產生了整體的「調和」之美，予人鎮定沉靜、莊重之感。（參考陳滿銘《文章結構分析》、蔡宗陽《修辭學探微》、張春榮《修辭新思維》）

又如周敦頤〈愛蓮說〉：

例文

水陸草木之花，可愛者甚蕃：晉陶淵明獨愛菊；自李唐來，世人盛愛牡丹。予獨愛蓮之出淤泥而不染，濯清漣而不妖；中通外直，不蔓不枝；香遠益清，亭亭淨植，可遠觀而不可褻玩焉。

予謂：菊，花之隱逸者也；牡丹，花之富貴者也；蓮，花之君子者也。噫！菊之愛，陶後鮮有聞。蓮之愛，同予者何人？牡丹之愛，宜乎眾矣！

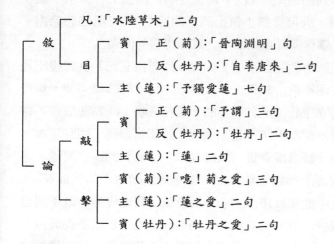

```
    ┌ 敘 ─┬ 凡：「水陸草木」二句
    │     │     ┌ 賓 ─┬ 正（菊）：「晉陶淵明」句
    │     │     │     └ 反（牡丹）：「自李唐來」二句
    │     └ 目 ─┤
    │           └ 主（蓮）：「予獨愛蓮」七句
 ─ ─┤
    │           ┌ 賓 ─┬ 正（菊）：「予謂」三句
    │     ┌ 敲 ─┤     └ 反（牡丹）：「牡丹」二句
    │     │     └ 主（蓮）：「蓮」二句
    └ 論 ─┤
          │     ┌ 賓（菊）：「噫！菊之愛」三句
          └ 擊 ─┼ 主（蓮）：「蓮之愛」二句
                └ 賓（牡丹）：「牡丹之愛」二句
```

説明

　　〈愛蓮說〉採「先敘後論」結構，「敘」的部分，先以開
端兩句作為總括，振起全文；再以菊、牡丹為陪襯
（「賓」），形成一正一反兩相映襯對照的效果，烘托出主人翁
獨愛的蓮，與蓮所代表的七種君子美德，預為下文的「蓮，
花之君子者也」一句，醞釀出最有力的論斷。「論」的部
分，先將菊、牡丹、與蓮，畫分為隱逸者、富貴者、君子者
等不同的定品；再論及愛這三種花的人，最後以感慨作收。
作者論及人物的部分，將牡丹與蓮的次序加以對調，當是對
當代但知追求富貴卻缺乏道德理想的情形，暗寓貶責的意味
吧。

為了凸出「主」（蓮與愛蓮的自己）的部分，於是周敦頤分別以象徵隱逸的菊和象徵富貴的牡丹，及愛菊、愛牡丹的人，作為陪襯的「賓」；賓主分明，再加上「敘」、「論」相互映照，既可具體「表出詞章義旨」，又可增強感染力、說服力，讓作者愛蓮與諷喻之意顯得格外清晰。

蓮花與佛教關係密切，如《華嚴經探玄記》就曾提出蓮花的「在泥不染」和香、淨、柔軟、可愛等四種美德。東晉慧遠等創立蓮社，還有所謂的「蓮花三喻」：「為蓮故華，譬為實施權，從本垂跡。花開蓮現，譬開權顯實，開跡顯本。花落蓮成，譬廢權立實，廢跡立本。」佛教的這些理論，應在某種程度上影響了周敦頤。但是周敦頤筆下的「蓮花」，在塵囂之中能保其淨潔，心正而意誠，持虛守靜，既不同於菊花之避世，更不同於牡丹之媚俗，它是入世而不拘於世，用世而不媚於世，融合了儒家修身用世的思想，這與佛教中蓮花的寓意，應是有著一定的區別。這也是讀〈愛蓮說〉一文時，需特別留心的地方。（參考陳滿銘《文章結構分析》、傅武光〈〈愛蓮說〉的弦外之音〉）

又如栞涵〈酸橘子〉：

略。

結構表

```
      ┌ 因 ┌ 反：「你聽說過……不吃了」
      │    └ 正：「一個禮拜以後……好甜哪」
  ┌ 賓 ┤
  │   └ 果：「後來……強摘的澀果呢」
  │   ┌ 果：「於是……不免有些擔心」
  ┤ 主 ┤
  │   └ 因 ┌ 淺：「並不是說你們……更大的美麗時」
  │        └ 深：「我真心希望……自己不受傷害嗎」
  └ 賓：「由青澀轉變……芳醇甘美的一日」
```

說明

　　全文採用「賓、主、賓」結構，由「強摘的果子不甜」展開論述，再以靜靜等待「果子的芳醇甘美」作結，首尾圓合。以橘子為「賓」，說明青澀的果子需要一段「果熟期」，才能由酸澀變為甜美；一如年少的學子（「主」），要由青澀轉為圓融成熟，也需要時間的醞釀。於是作者熱切期盼甫進入青春期，對兩性、對愛情充滿嚮往的青年學子，能珍惜時光，進德修業，先培養自己成為一個懂得愛與被愛、有智慧、有學養的人，才能真正品嚐身心成熟時的美麗與芳醇。

　　又如《泰戈爾詩選》：

例文

　　果實的職務很尊貴，
　　花朵的職務很甜美；

> 可是讓我的職務成為葉子的職務，
> 謙遜地奉獻它的濃蔭吧。

結構表

```
      ┌ 一（果實）：「果實的職務很尊貴」
  賓 ─┤
      └ 二（花朵）：「花朵的職務很甜美」
  ┌
  └ 主（葉子）─┬ 果：「可是讓我的職務成為葉子的職務」
              └ 因：「謙遜地奉獻它的濃蔭吧」
```

說明

　　泰戈爾最善於運用花、果、葉、草、鳥等自然實物，來寄託抽象的、充滿智慧的哲理。全詩形成「先賓後主」結構，以尊貴的果實、甜美的花朵為「賓」，從正面襯托奉獻出濃蔭的「葉子」（「主」），來頌揚「葉子」謙遜無私、默默行善的美德。由於「賓」從「主中生出」的心理基礎，在於美感的「鏈式反映」，因此，本詩從神似、形似等方面產生聯想，經由花朵與果實，把美感情緒的波圈迅速擴大，淋漓彰顯出葉子的特色來，並獲致整體的調和美。

㈢延伸教學

1. 閱讀教學

　　如覃子豪〈貝殼〉：

例文

　　詩人高克多說

　　他的耳朵是貝殼

　　充滿了海的聲音

　　我說

　　貝殼是我的耳朵

　　我有無數耳朵

　　在聽海的秘密

閱讀小站

（　）1. 詩中以「詩人高克多說／他的耳朵是貝殼／充滿了
　　　　海的聲音」三行，來做為「我說／貝殼是我的耳朵
　　　　／我有無數耳朵／在聽海的秘密」的陪襯，凸顯出
　　　　主體「我」對大海的喜愛之情。請問這是運用了那
　　　　一種篇章修辭法？①凡目法②正反法③賓主法④虛
　　　　實法。

（　）2. 「他的耳朵是貝殼」與「貝殼是我的耳朵」，這二
　　　　句中的「貝殼」，分別是指譬喻法中的①喻體、喻
　　　　體。②喻依、喻體。③喻辭、喻體。④喻依、喻
　　　　依。

參考答案　1.（3），2.（2）。

結構表

```
      ┌ 賓 ┌ 因：「詩人高克多說」二行
      │    └ 果：「充滿了海的聲音」一行
      │
      └ 主 ┌ 因：「我說」二行
           └ 果：「我有無數耳朵」二行
```

說明

　　覃子豪所創設的藍星詩社與紀弦的現代詩社，是臺灣早期現代詩壇的兩大支柱。他的詩風精細而深沉，主張詩的密度，宜由博而約，由繁而簡，由繽繹而歸納。早期以抒寫海洋詩篇聞名，其中以「貝殼」這一首詩最富情趣，採「先賓後主」形式，以「詩人高克多說」三行為「賓」，「我說」四行為「主」，使得賓主之間相互襯托，相映而相生。全詩洋溢著海洋的聲音，其中，「他的耳朵是貝殼」，主語是「耳朵」；但到了「貝殼是我的耳朵」，主語一轉轉為「貝殼」，主客一下子就易位了。將詩人從自我、小我出發，然後與千千萬萬個貝殼結合在一起，傾聽海的心跳，進入物我合一、天人交感的渾然之境，表現十分圓融而完美。

　　這即是善用賓主法的好處，「說甲時須映帶乙，說乙時復回顧甲」，使得一篇之中的多種事理，有主筆，又有賓筆的相互映照，生發關此顧彼、沆瀣映帶之妙。觀諸〈貝殼〉一詩，正是如此。（參考許恂儒《作文百法》、張默《小詩選讀》、仇小屏《世紀新詩選讀》）

又如荀子〈勸學〉（節選）：

例文

> 　　南方有鳥焉，名曰「蒙鳩」，以羽為巢，而編之以髮，繫之葦苕，卵破子死。巢非不完也，所繫者然也。西方有木焉，名曰「射干」，莖長四寸，生於高山之上，而臨百仞之淵。木莖非能長也，所立者然也。蓬生麻中，不扶而直；白沙在涅，與之俱黑。蘭槐之根是為芷，其漸之滫，君子不近，庶人不服。其質非不美也，所漸者然也。故君子居必擇鄉，遊必就士，所以防邪僻而近中正也。

閱讀小站

（　）1. 作者分別以蒙鳩、白沙、蘭芷為反面的「賓」，以射干、蓬草為正面的「賓」，以烘襯「主」位的君子。請問這是運用了那一種篇章修辭法？①虛實法②凡目法③正反法④賓主法。

（　）2. 此文以「君子居必擇鄉，遊必就士，所以防邪僻而近中正」三句，闡明學習環境的重要，這頗近似於孔子所說的①里仁為美②學思並重③好問則裕④遊必有方。

參考答案 1.（4），2.（1）。

結構表

```
        ┌─ 一（繫者、反）:「南方有鳥……所繫者然也」
        │
     賓 ├─ 二（立者、正）:「西方有木……所立者然也」
        │
        └─ 三（漸者）  ┌─ 正:「蓬生麻中，不扶而直」
        │              │
        │              └─ 反:「白沙在涅……所漸者然也」
        └─ 主（君子）:「故君子……而近中正也」
```

說明

　　荀子〈勸學〉歷來即是深受人們傳誦的名篇，其中有些
警句，更早已成為勉勵學習常用的成語典故。此段形成「先
賓後主」結構，旨在勸勉君子當慎其所居、所遊，多親近有
德之士，以成就一己的德業。「賓」的部分，作者從生活經
驗談起，先以「以羽為巢」、「編之以髮」、「繫之葦苕」的蒙
鳩為例，說明所「繫者」若不當，則必遭致「卵破」而「子
死」的結果。次以莖長僅僅只有四寸的射干為例，說明只要
立足之地，是在巍峨的「高山之上」，則自能生發「臨百仞
之淵」的英姿氣勢。再以蓬草、白沙、蘭芷為例，說明蓬草
不扶而直的原因，是由於它生長在聳直的麻田之中；白沙變
成了黑色，是由於它處在黑色染缸之中；而蘭芷之所以不受
君子、庶人的親近喜愛，是由於它浸漬在臭水之中，深受惡
質環境的感染，而終為人們所唾棄。蒙鳩、白沙、蘭芷，射
干、蓬草，一反一正，恰形成鮮明的映照，以烘襯居於
「主」位的君子，並闡明環境對於學習的深遠影響，及「里

「仁為美」的重要性。

　　又如宋琬〈烏賊〉：

例文

　　　　烏賊生海中，形如鼈而差小，無鱗鬣，肉鬚連蜷，以代厥足。

　　　　脊中有骨，塊然笏起，色瑩質輕，刮之如玉屑，醫方本草所謂海鰾鮹也。肉在骨外，色正白無血，膾以為羹，與象箸無別。口有涎，著水便黑。春夏之交，游於海澨，其群以萬數；見人則萬口噴沫，海水為之墨數里。漁人逐墨下網，盡其族而殲焉。

　　　　嗚呼！世之貪財黷貨，顧反自以為廉，而卒以殞滅者，墨為之累也。

閱讀小站

（　）1. 本文以「賓」來說明貪官汙吏（「主」），終究會招致滅亡的道理。而這一個產生烘托效果的「賓」，主要是指①烏賊的骨②烏賊的肉③烏賊的足④烏賊的涎。

（　）2. 在本文中，「墨」是個「喻依」，它應是指①墨汁②官吏③名聲④財貨。

參考答案 ✍ 1.（4），2.（4）。

結構表

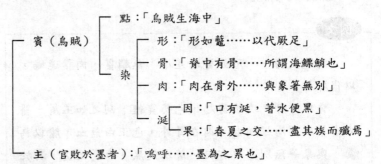

```
        ┌ 賓（烏賊）┬ 點：「烏賊生海中」
        │          │    ┌ 形：「形如韀……以代厥足」
        │          │    ├ 骨：「脊中有骨……所謂海鰾鮹也」
        │          └ 染┼ 肉：「肉在骨外……與象箸無別」
        │               └ 涎┬ 因：「口有涎，著水便黑」
        │                   └ 果：「春夏之交……盡其族而殲焉」
        └ 主（官敗於墨者）：「嗚呼……墨為之累也」
```

說明

　　「是篇以烏賊與官敗於墨作比例，而通篇自末數語外，皆言烏賊為墨所害，至末數語始點出正義」。因此，本文形成「先賓後主」結構，以萬口噴墨而全數被漁人捕獲的烏賊為「賓」，正面襯出貪官汙吏（「主」）終究會招致敗亡的不變定理。「賓」的部分，以「烏賊生海中」一句，做為全文敘事、說理的引子與橋梁，再分從「形」、「骨」、「肉」、「涎」等方面，加以敘寫。其中，「形」、「骨」、「肉」是「賓中賓」，「涎」是「賓中主」，因此在敘述上採用了「略於骨、肉而詳於涎」的筆法，針對「涎」的部分特意加以著墨點染。如此則更能凸顯出貪財黷貨的墨吏，「當其未敗之日，皆能以財貨雄一時，然卒未有不以墨敗者」的意旨來。（參考林景亮《評註古文讀本》、夏薇薇《文章賓主法析論》）

2. 寫作教學

(1)寫作練習

　　水墨動畫〈三個和尚〉影片中，以身穿紅、藍、橘三種
顏色衣服的矮、高、胖三個和尚為「主」，以菩薩、及小老
鼠為「賓」，發生了一段十分逗趣而且發人深省的故事。請
你仔細觀賞影片，並用心觀察每一個角色的細微變化，然後
回答下列的問題。

　　甲、想一想

　　Ａ、矮、高、胖三個不同造型的和尚（「主」），穿著不
同顏色（紅、藍、橘）的衣服，又各以不同的小動物（鳥
雀、蝴蝶、魚兒）陪襯出場，深具變化之美。然而三個小和
尚出場的模式卻又極為相似，皆是從頭部、身體、小動物、
望山、入廟、喝水，依次敘述，小異中又有大同，呈現統一
的美感效果。請問這種情節安排、結構布局的方式，還可以
運用在那方面？請舉實例說明。

　　Ｂ、影片中做為陪襯作用的菩薩（「賓」），總共變了幾次
臉？請具體指出祂的眉眼變化。

　　Ｃ、具有穿針引線效果的小老鼠（「賓」）在影片中共出
現了四次。第一次出現惹得小和尚促狹之心大起，敲了牠一
記。第二次是在小和尚與高和尚兩人計較誰該挑水給誰喝而
彼此不快時出現，第三次更引起了一場火災。請問，小老鼠
在這部影片中可能的代表寓意是什麼？

　　Ｄ、配樂可以為一部成功的影片達到鋪展情節、渲染氣
氛、增添光彩的效果。在這部影片中，你覺得那一段的配樂

最為精準出色，使得故事情節更為精彩，更引人入勝？為什麼？

E、在這一部影片中，你最喜歡那一個角色？請說說喜歡的原因。

乙、請依「先賓後主」結構，自訂一個適當的題目，寫出觀賞之後的心得與感想。（內容可以是情節大意、故事主旨、心得，或是精彩鏡頭、喜愛的角色、配樂、色彩等等，文限三百字左右。）

(2)學生作品
甲、想一想

A、像〈車過枋寮〉就是這一種類型。另外，一首曲子也可以發現它有一個固定的旋律，或許是一小節，也或許是一整段，然後整首曲子就在這一個固定旋律下環繞，或在「調」或在「音層」上作變化，使得同中有異、異中有同。不妨聆聽〈綠袖的衣裳〉、〈Do Re Mi 之歌〉。（804　林博智）

B、總共五次，第一次是在小和尚剛上山，為淨瓶中的柳枝澆水的時候，菩薩笑了。第二次是三個和尚都不願意挑水，結果菩薩露出無奈的表情。又一次是小和尚噎著了，於是喝了淨瓶的水，結果三個和尚竟搶起淨瓶來，菩薩驚訝的張大眼。第四次是因為老鼠咬蠟燭引起火災，菩薩眉眼驚慌。經過了這次火災，三個和尚終於願意不計較，合力取水，結果楊柳青了，菩薩又笑了。（804　孫春雅）

C、我覺得小老鼠在片中所代表的，可能是人的潛意識裡存在的「自私」與「好計較」。和尚在我們的觀念裡，多是和善、慈悲的，但在片中卻因自私而犯了錯。三個和尚爭執不休，小老鼠也穿插其中。自私自利必有報應，小老鼠就這樣帶來了一場火災。和尚們合力撲滅火勢後，終於瞭解合作的重要，也把自私、愛計較的「小老鼠」給革除了。(804趙家萱)

D、我覺得火災時的配樂最精彩，和劇情的發展配合得淋漓盡致。原本寧靜的寺廟忽然緊張起來，節奏也由慢加快，增添一分緊張的效果，讓人沉浸在劇情裡。當火被撲滅的那一剎那，隨著樂曲節奏的改變，有種令人心安而終於鬆了一口氣的感覺。(804　林玉婷)

E、我最喜歡的角色是老鼠，雖然牠是個負面意義的象徵，但從觀賞角度來看，牠總是在最寧靜的氣氛中跑出來搗蛋，讓看影片的人發出會心一笑，似乎是看見了自己小時候惡作劇的模樣，也為這部影片增添了喜劇的效果。(804　趙家萱)

　乙、心得

〈心中的蹺蹺板〉

我們小時候應該都玩過蹺蹺板，或者看過別人在玩蹺蹺板。我們都知道，蹺蹺板都是向重的一方傾斜，但是，你知道每一個人的心中，也都有一座蹺蹺板嗎？

我們心中的蹺蹺板，一端是善，一端是惡。心存善念多於惡念，蹺蹺板就往善的一方傾斜；若心存惡念多於善念，

則剛好相反。人世間的善惡往往不公平,一分惡念,往往比一百分善念還要重。例如〈三個和尚〉故事中,若菩薩代表善,老鼠代表惡,比老鼠大上好幾十倍的菩薩,影響力卻比老鼠小了許多。由此可見,惡念的影響力遠比善念大。

你的蹺蹺板是向那一邊傾斜的呢?是善?還是惡?(816 蔡秉勳)

(3)引導與省思

觀察,就是借助人的感官,有意識、有目的、細緻而深入地認識事物的知覺過程。因此,不僅要瞭解事物外部形態、現象特徵,更要通過對事物表層的分析,以探尋內在本質,這即是觀察的精義。而由上海美術館所繪製的水墨動畫卡通〈三個和尚〉,無論是在情節安排、結構布局、或是在動作與音樂的搭配上(片長約15分鐘),都相當值得提供給學生,做為訓練觀察力與章法練習的教材。於是我們利用兩堂作文課,完成了這一個教學活動。

影片播放前,可先提醒學生要仔細觀察(先不要發講義)。影片播放完畢後,再發下學習單(「想一想」),請學生回顧影片的內容情節,依照題目的提示作答。等學生填寫完畢(若有一些細節無法記得,請學生不要緊張,因為會再播放第二次),老師先依據學習單上的題目,仔細說明每一個角色背後所代表的象徵意涵,藉此提示觀察的重點、對象、與技巧。講解完畢,再播放第二次。由於已經有學習單題目設計的引導與老師的說明,學生多會細心地觀察並補填之前遺漏、錯誤、或不妥之處。而且,經過了講解與再一次的影

片觀賞，學生們大都打開了心眼，也觀察得更用心。例如他們會經由影片欣賞，聯想到採用同樣形式結構的〈車過枋寮〉、樂曲等例子；也注意到了老鼠在這一部影片中，代表的是「負面意義的象徵」（「賓」在「主」的反面），在片中有畫龍點睛的作用。神案上不言不語的菩薩（「賓」），則以祂的眉眼變化，來配合情節的推展，實在是有趣極了。大部分的學生多觀察到菩薩的眉眼共變了四次，只有少數更為細膩的學生觀察到有五次。原則上，只要學生能具體指出三次以上的眉眼變化，我們即給予肯定。

　　〈三個和尚〉動畫影片之所以成功，除了是「賓」、「主」角色的選撰與安排獨具匠心，情節鋪展得宜，還有一個不容忽視的決定因素——配樂。成功的配樂可以為全片達到渲染氣氛的效果，學生對此充滿了興趣，也有個人獨到的體會。而且人人喜愛的片段，都不盡相同。至於面對自己最喜愛的角色時，有人就像「看見了自己小時候惡作劇的模樣」，由影片角色而與自身經驗產生了聯想，流露出孩童似的天真稚氣，不禁令人莞爾。

　　至於心得寫作的部分，雖然最後我們並沒有硬性規定學生非得以「賓主」結構來布局不可（因為有一些理解力、駕馭能力較為薄弱的學生，顯露出怯色，而遲遲不敢動筆），但仍然有一些聰慧穎悟的孩子，運用了賓主法來組織材料，表達個人獨到的體會與見解。如蔡秉勳的〈心中的蹺蹺板〉，或許是受到了豐子愷〈窮小孩的蹺蹺板〉一文的影響（我們曾以此文做為課外補充教材），他以小時候玩過的、具體的「蹺蹺板」為「賓」位素材，來凸顯出無形的、抽象的

「心中的蹺蹺板」(「主」),申論觀賞後的心得。取譬相當新穎,意象的傳達也十分準確,字裡行間更道出了個人獨到的見解。讀完這一篇文章,不禁為他運材布局的駕馭能力喝采。

由於這一次的活動,是經由影片的欣賞,引導學生學會如何觀察,與做深進一步的思索,並能提出個人的見解。因此,在題目的安排與設計上,頗經一番思量。例如,矮、高、胖三個和尚的衣服顏色(紅、藍、橘)、身邊出現的三種陪襯小動物(鳥雀、蝴蝶、魚兒,牠們屬於「賓中賓」的角色)、出場模式,或是情節、動作與音樂的搭配等問題,都需要在第二次觀賞影片前,為學生特別說明、引導,學生才能依尋途徑,登堂而入室,窺得箇中奧妙。

第七章

反襯類章法

(一)反襯類章法概說

呈現映照、對比關係的反襯類章法，包括抑揚法、立破法、正反法、張弛法等。不論是貶抑與褒揚的對應、立與破的針鋒相對、一正一反的比較、緊張與鬆弛的反差，都可以達成鮮明凸出、比較對立的效果，極大地增強主要事物的藝術力量，從而獲得分外深刻鮮明的印象，讓文章洋溢著華美、鮮活、醒目、勁健的美感效果。

以下簡介幾種常見的反襯類章法：

1. 抑揚法

定義：「抑」就是貶抑，「揚」就是褒揚。抑揚法就是運用貶抑與頌揚的筆法來論人議事。

美感與特色：無論是「先抑後揚」或「先揚後抑」，都可在短時間內引起讀者兩種截然相反的情緒，在文勢上產生一起一伏的波瀾，具有韻律美和輕快美。

2. 立破法

定義：就是先「立案」，然後加以「掀翻」，加以「辨」、「駁」，使自己的正面主張得以成立、得以申張的謀篇方法。

美感與特色：立破法中的「立」，多是積非成是的觀念或習以為常的成見，在「破」中舉例以駁之，並揭明誤處；再透過「異常材料」的組接，打破思維的慣性與心理的惰性，有力地促使讀者作全新的思考，產生真理愈辯愈明的淋漓快感。

3. 正反法

定義：將極度不同的兩種（或兩種以上）的材料並列起來，形成強烈的對比，藉反面的材料襯托出正面的意思，以增強主旨的說服力。

美感與特色：正反法是在「對比」的原理上產生的，具有極大的差異性，因而洋溢著華美、鮮活、醒目、勁健的美感效果，使得主體（正）的特點更凸出、姿態更優美，增強主旨的感染力。

4. 張弛法

定義：「張」是緊張，「弛」是鬆弛；張弛法就是使文章呈現張弛疾徐等不同節奏的謀篇方法。

美感與特色：由於審美情緒會因力的強弱變化而產生不同的波動，形成文章有張有弛的結構特色，產生起伏呼應的

韻律節奏，營造一種特殊的審美效果，使讀者產生情感的共鳴。

（二）課文分析

如李潼〈瑞穗的靜夜〉：

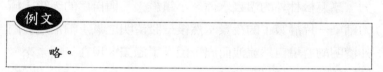

例文

　　略。

結構表

```
┌ 因：「那年……到瑞穗溫泉露營」
│   ┌ 因：「那天晚上……日式小旅館投宿」
│   │         ┌ 反（喧嘩）┌ 因：「情景有點兒狼狽……踩得蹳蹳響」
│ 果 │         │           └ 果：「就在這時……知道我不甘心」
    │ 果 │
    └   └ 正（沉靜）┌ 因：「松林裡的雨夜……靜靜看」
                    └ 果：「在這之前……成全了許多事」
```

說明

　　全文採用了「先因後果」形式，抒寫升學考試過後，自己與三五好友夜宿於花蓮瑞穗溫泉，所體驗到的沉靜美味。在第二層「果」的部分，即運用了「先反後正」結構，敘述因遇雨而投宿、因喧嘩（「反」）而遭制止的經過，用以凸顯沉靜（「正」）的部分。由於對比越是強烈，變化越是豐富，

印象越是鮮明。因此，美感的表達，常會出現一種「逆態心理」，在腦海中浮現出與之相對映的新形態，達成對立、凸出的效果。文人也多喜歡採用「寄深於淺，寄厚於輕，寄勁於婉，寄直於曲，寄實於虛，寄正於餘」的藝術手法，以深淺、厚輕、勁婉、直曲、實虛、正餘、動靜為對比，收到變化鮮明的效果。故下文筆調一轉，經由視覺、聽覺與聯想力，摹寫松林外的溫泉水煙、小鎮燈火、與自然的天籟，極力鋪染一片靜寂了的夜景；然後一股清明之氣，汩汩地從內外澄明的心境自然流洩而出，照亮了過去、現在、與未來。（參考劉坡公《學詞百法》）

　　又如孟子〈生於憂患死於安樂〉：

例文

　　孟子曰：「舜發於畎畝之中，傅說舉於版築之間，膠鬲舉於魚鹽之中，管夷吾舉於士，孫叔敖舉於海，百里奚舉於市。故天將降大任於是人也，必先苦其心志，勞其筋骨，餓其體膚，空乏其身，行拂亂其所為，所以動心忍性，曾益其所不能。人恆過，然後能改；困於心，衡於慮，而後作；徵於色，發於聲，而後喻。入則無法家拂士，出則無敵國外患者，國恆亡。然後知生於憂患而死於安樂也。」

結構表

```
     ┌ 目 ┌ 正（生於憂患） ┌ 敘：「孟子曰」七句
     │    │              └ 論：「故天將降大任」十六句
  ┌─┤    └ 反（死於安樂） ┌ 因：「入則」二句
  │ │                    └ 果：「國恆亡」
  └ 凡：「然後知」二句
```

說明

　　此文採用了「先目後凡」結構，以結尾二句做為全文的總括（「凡」），明白拈出「生於憂患而死於安樂」的一篇主旨來。「目」底下即形成一正一反結構，孟子在此一連列舉了舜、傅說、膠鬲、管夷吾、孫叔敖與百里奚等六人「生於憂患」的事蹟，即事而說理，就天意方面來說明「生於憂患」的道理；然後以「人恆過」八句，由天而人，就人情方面來說明「生於憂患」的道理。筆調一轉，由個人推擴至國家，由國內而國外，從反面說明「死於安樂」的道理。全篇說理透徹，結構嚴密，著墨雖然不多，卻是精闢入裡；又善用排比句式，形成一氣呵成、了無滯礙之感。劉熙載《藝概》曾評孟子之文，以為其「百變而不離其宗」，而且「長於譬喻，辭不迫切，而意已獨至」，深具揭示事物本質的直觀性。深究此文，果有其理。（參考陳滿銘《文章結構分析》）

　　又如李文炤〈勤論〉：

例文

治生之道，莫尚乎勤。故邵子云：「一日之計在於晨，一歲之計在於春，一生之計在於勤。」言雖近而旨則遠矣。

無如世俗之人以逸居為至快，甘食褕衣，玩日愒歲。以之為農，豈能深耕而易耨？以之為工，豈能奉度而盡職？以之為商，豈能乘時而趨利？以之為士，豈能立身而行道？徒然食息於天地之間，則是一蠹耳。

夫天地之化，日新則不敝。故戶樞不損，而流水不腐，誠不欲其常安也。人之心與力，何獨不然？是故勞則思、逸則忘，凡物之大情也。大禹之聖，且惜寸陰；士行之賢，且惜分陰，又況賢聖不若彼者乎？

結構表

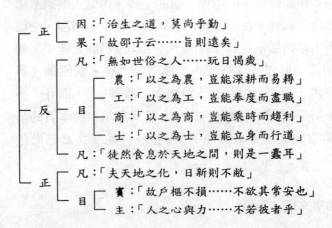

```
    ┌ 正 ┌─ 因：「治生之道，莫尚乎勤」
    │    └─ 果：「故邵子云……旨則遠矣」
    │    ┌─ 凡：「無如世俗之人……玩日愒歲」
    │    │         ┌─ 農：「以之為農，豈能深耕而易耨」
    ├ 反 ┤ 目 ┤ 工：「以之為工，豈能奉度而盡職」
    │    │         ├─ 商：「以之為商，豈能乘時而趨利」
    │    │         └─ 士：「以之為士，豈能立身而行道」
    │    └─ 凡：「徒然食息於天地之間，則是一蠹耳」
    └ 正 ┌─ 凡：「夫天地之化，日新則不敝」
         │ 目 ┌─ 賓：「故戶樞不損……不欲其常安也」
         └    └─ 主：「人之心與力……不若彼者乎」
```

全文從「勤勉」的傳統美德來立說，形成「正、反、正」結構。首段開門見山，從正面揭明主旨，闡述「勤」的重要，並援引邵雍的話，增強說服力，言簡而意賅。第二段轉從反面立論，針對「好逸惡勞」的人之常情加以發揮。作者特以四個反問句式，一長串排比而下，再三申述因「不勤」而導致農人不能深耕易耨、工人不能奉度盡職、商人不能乘時趨利、士人不能立身行道的嚴重後果。既增強了論述的力道，引起讀者的注意，又能醞釀餘韻，增添文意的情趣。第三段，則以戶樞、流水、人的心與力並舉，再從正面論述「日新則不敝」天地運化的道理，深化「勤」的涵意；並以「胼手胝足致力乎溝洫，見稱於世」的大禹，與曾經說過「大禹聖人猶惜寸陰，吾人當惜分陰」的陶侃等聖賢為例，進一步勉勵一般人更要珍惜光陰，力求進取，養成「勤勞不懈」的美德，照應全文作收。

　　又如杏林子〈心囚〉：

　　　略。

結構表

　┌─　　　　　┌─反：「在許多人眼裡……鬱鬱寡歡的吧」
　│　┌寡（正）┤
　│　│　　　　└─正：「剛剛相反……也自由自在」
　┤敘┤
　│　└眾（反）：「而世上多的是……卻心陷囹圄」
　│
　└論：「比起我……像是囚犯呢」

杏林子以自己為例，說明身體所遭受的疾病、痛苦、挫敗，並不能真正擊敗一個人，人往往是被悲觀、憤怒、憂慮等「心靈的枷鎖」所囚禁。全文採用「先敘後論」結構，先敘述別人眼中身纏類風溼關節炎的「杏林子」，生活不便、空間狹小，有如「犯人」的化身，心情一定是憔悴寡歡。但是作者以「剛剛相反」一句，全然撥開了朋友們的疑慮，並一一指出身強體健卻封閉心靈，或是身陷於罪惡、情慾、與名利權勢而無法自拔的人，才是真正的「心囚」。身殘而心不殘、與身不殘而心殘兩者之間，形成一正一反的強烈對比，也凸顯了全文的主旨。結尾再以一句「到底誰更像是囚犯呢」的反問口吻，呼應首段，也猛然敲醒了正深陷於心魔困境中的讀者。

　　又如彭端淑〈為學一首示子姪〉：

例文

　　天下事有難易乎？為之，則難者亦易矣；不為，則易者亦難矣。人之為學有難易乎？學之，則難者亦易矣；不學，則易者亦難矣。

　　吾資之昏，不逮人也；吾材之庸，不逮人也。旦旦而學之，久而不怠焉；迄乎成，而亦不知其昏與庸也。吾資之聰，倍人也；吾材之敏，倍人也。屏棄而不用，其昏與庸無以異也。然則昏庸聰敏之用，豈有常哉？

　　蜀之鄙有二僧，其一貧，其一富。貧者語於富者
曰：「吾欲之南海，何如？」富者曰：「子何恃而往？」
曰：「吾一瓶一缽足矣。」富者曰：「吾數年來欲買舟而
下，猶未能也。子何恃而往？」越明年，貧者自南海
還，以告富者，富者有慚色。西蜀之去南海，不知幾千
里也；僧之富者不能至，而貧者至焉。人之立志，顧不
如蜀鄙之僧哉？

　　是故聰與敏，可恃而不可恃也；自恃其聰與敏而不
學，自敗者也。昏與庸，可限而不可限也；不自限其昏
與庸而力學不倦，自立者也。

結構表

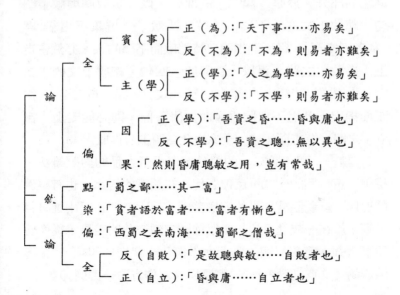

說明

這篇文章採用「論、敘、論」結構，來討論力學不倦的道理。第一、二段屬於「論一」的部分。首段先從做事（「賓」）談起，再談及為學（「主」），說明做事與為學的難易，取決於為與不為、學與不學，預為下段更進一層的議論鋪墊。於是第二段自然承接上文的學與不學，說明資質材能雖有昏與敏的分別，只要肯學，則有所成，不學，則無所得；因而歸結出「昏庸聰敏之用」不可恃的結論，全力為末段的結論蓄勢。

「敘」的部分，作者特別舉出蜀僧到南海一事作為例證，證明只要肯努力、肯學習自能成功的道理，並引出末段結論的部分。於是「論二」的部分，以「是故聰與敏」四句，總收上文的「不為」、「聰」、「敏」、「屏棄不用」、與「富者不能至」，從反面指明自恃聰敏而不學的人，必然會走上「自敗」之路；再以「昏與庸」四句，總收上文的「為之」、「學之」、「昏」、「庸」、「旦旦學之」、與「貧者至」，從正面指出人若能不自限昏庸而力學不倦，則必能走上「自立」之路，有志而竟成。全文在此點明主旨作收。

「論一」與「論二」的部分，運用了大量的對照筆法，採用一正一反的句式，反覆對比，有論證的對比，也有事例的對比，呈現整齊和諧的節奏美感。也因為把正反兩種材料對列，放在一起進行比較，以強調它們彼此的差異，從而使語氣增強，意義鮮明，讀者也獲得凸出深刻的印象。（參考陳滿銘《文章結構分析》、劉勰操《寫作方法一百例》）

㈢延伸教學

1. 閱讀教學

如綠原〈小時候〉：

例文

　　小時候
　　我不認識字
　　媽媽就是圖書館

　　我讀著媽媽

　　有一天
　　這世界太平了
　　人會飛……
　　小麥從雪地裡出來……
　　錢都沒有用……

　　金子用來作房屋的磚
　　鈔票用來糊紙鷂
　　銀幣用來飄水紋……

　　我要做一個流浪的少年

　　帶著一隻鍍金的蘋果

　　一隻銀髮的蠟燭

　　和一隻埃及國飛來的紅鶴

　　旅行童話

　　去向糖果城的公主求婚

　　但是

　　媽媽說

　　現在你必須工作

閱讀小站

（　）1. 最後一節「但是／媽媽說／現在你必須工作」的出
　　　　現，一下子就把詩人從想像的、美好的童話世界中
　　　　拉回到現實的世界，恰與二、三、四、五節，產生
　　　　一種強烈對比的效果。這是運用了那一種篇章修辭
　　　　法？①賓主法②正反法③今昔法④因果法。

（　）2. 詩人特意以「金」、「銀」來形容蘋果與蠟燭，除了
　　　　可以產生色彩美感，「金蘋果」與「銀蠟燭」在童
　　　　話故事中，又可用來象徵①美麗、熱情。②金錢、
　　　　名利。③文化、財富。④青春、智慧。

參考答案 1.（2），2.（4）。

結構表

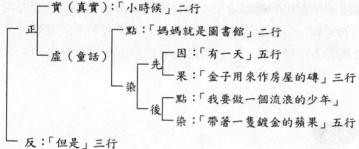

```
    ┌ 實（真實）：「小時候」二行
  正┤
    │                  ┌ 點：「媽媽就是圖書館」二行
    └ 虛（童話）┤              ┌ 因：「有一天」五行
                      │          ┌ 先┤
                      └ 染┤      └ 果：「金子用來作房屋的磚」三行
                            │      ┌ 點：「我要做一個流浪的少年」
                            └ 後┤
                                  └ 染：「帶著一隻鍍金的蘋果」五行
  └ 反：「但是」三行
```

說明

　　全詩形成「先正後反」結構。第一節，開始兩行，是就過去的事實（小時候）而言。「媽媽就是圖書館」二行，是一個相當新穎的暗喻，巧妙地運用「圖書館」的意象，扮演起第一、三、四、五段間產生連接轉化的橋梁、引子，使停留在第一段的「現實世界」慢慢向「童話世界」延伸。從第三段「有一天」開始，童話世界逐行展開，因為小麥可以從雪地裡生長出來，人類不再饑荒，金錢就可以用來造房子、糊紙鷂、打水飄。等到人們都有房子可安身，有希望可寄託，有遊戲可自娛時，詩人說：「我要做一個流浪的少年」，要帶著童話故事中象徵青春、智慧的金蘋果與銀蠟燭，乘著從古埃及飛來象徵文化精神的紅鶴去旅行。然後在甜美的糖果城堡中，與公主結婚，使流浪探險的心靈得到最後的寄託。詩人的想像，在此得到了飛躍的最高潮，「童話世界」也在此達到了最繽紛的境地。但是，那個小時候像圖書館的

媽媽，這時候開口了：「現在你必須工作」，一下子就把詩人從想像的童話世界中拉回到現實世界，極盡詩意轉折之能，產生一種對比的美感效果。難怪瘂弦要讚美此詩是「流麗自然的天籟」，是自五四運動以來，絕無僅有的「天真爛漫晶瑩剔透的可愛小詩」。（參考羅青《從徐志摩到余光中》）

又如歐陽脩〈生查子〉：

例文

　　去年元夜時，花市燈如晝。月上柳梢頭，人約黃昏後。　今年元夜時，月與燈依舊。不見去年人，淚濕春衫袖。

閱讀小站

（　）1. 〈生查子〉詞中，以「去年元夜」的「人約黃昏後」，與「今年元夜」的「不見去年人」，一昔一今，表達了強烈的對比之情。這是運用了那一種篇章修辭法？①先賓後主②先凡後目③先反後正④先因後果。

（　）2. 「花市燈如晝」，句中的「燈如晝」，點出了佳節的熱鬧與人潮之多。由此可知，此詞當是作於①春節②元宵節③端午節④中秋節。

参考答案 1.（3），2.（2）。

結構表

```
┌ 反（昔）┌ 景：「去年」二句
│          └ 事：「月上」二句
│
└ 正（今）┌ 景：「今年」二句
           └ 事：「不見」二句
```

說明

　　由於人的心理都偏愛富於變化的刺激，若刺激過於齊一、無變化，便會有疲勞、鈍滯、停息的傾向。而富有變化的藝術形式美，可以直接引起生理心理上的悅澤與快感；因此，歷來文人皆喜愛採用正反法來運材布局，以展示多樣而豐富的情致。如這首小詞，題作「元夕」，當寫於正月十五元宵節，即採用了「先反後正」形式，先寫景後敘事，鋪陳今昔對比之情。詞人以「去年元夜時」一句，點出了時間；以「燈如畫」，概括了熱鬧的景象；繼而以「月上柳梢頭」二句中的「月」、「黃昏」、與「人」，點出了令人難以忘懷的黃昏之約。下片則從回憶中回到了現在，「月與燈依舊」，卻「不見去年人」，景物依舊而人事全非，徒然留下無限的悵惘。全詞呈現出「清切婉麗」的特色，不禁引人於平淡文字中，細細領悟雋永綿長的味外之味。（參考陳望道《美學概論》）

　　又如辛棄疾〈醜奴兒〉（書博山道中壁）：

例文

　　少年不識愁滋味，愛上層樓；愛上層樓，為賦新詞強說愁。　　而今識盡愁滋味，欲說還休；欲說還休，卻道天涼好箇秋。

閱讀小站

（　）1. 昔日的「不識愁滋味」，所以愛「強說愁」；與今日的「識盡愁滋味」，所以「欲說還休」，形成兩相對照的效果，將稼軒那難以言說的苦悶恰到好處的表達出來。這是運用那一種篇章修辭法？①先反後正②先賓後主③先凡後目④先因後果。

（　）2. 請找出這首詩的韻腳。①樓、樓、休、休②味、樓、愁、秋③樓、愁、休、秋④味、樓、味、休。

參考答案 ☙1.（1），2.（3）。

結構表

```
┌ 反（昔）┬ 因：「少年」句
│         └ 果：「愛上」三句
│
└ 正（今）┬ 因：「而今」句
          └ 果：「欲說」三句
```

說明

　　這首詞當作於淳熙十四年（1187 年）前，是辛棄疾閑居帶湖時期的作品。全詞形成「先反後正」形式，通過回顧少年時的不知愁苦，襯托「而今」說不出的、深深的愁苦滋味。上片說的是少年春花秋月、無病呻吟的閒愁，下片則概括了作者半生的經歷，積極抗金、獻謀獻策、力主恢復中原，卻屢次遭受朝廷主和派的迫害打擊，把自己關心國事、卻懷才不遇的悲憤愁苦，深刻表現出來。

　　因為「文忌直，轉則曲；文忌弱，轉則健」，「文忌散，轉則聚；文忌鬆，轉則緊」，「文忌淺，轉則深；文忌澀，轉則暢」。所以唯有反覆離奇、縱橫詭變，唯有在對比跳躍中，常常調換角度，文章才有變化奇巧的創新，才能觸發讀者美感情緒的波動。於是昔日的「不識愁滋味」，所以愛「強說愁」，與今日的「識盡愁滋味」，所以「欲說還休」，形成兩相對照的效果，將稼軒那難以言說的苦悶恰到好處地表達了出來。（參考陳滿銘《蘇辛詞論稿》、張紅雨《寫作美學》）

2. 寫作教學

(1)寫作練習

　　正反法就是將極度不同的兩種（或兩種以上）的材料並列起來，形成強烈的對比，藉反面的材料襯托出正面的意思，以增強主旨的說服力。如魯藜〈泥土〉：

老是把自己當珍珠
就時時有怕被埋沒的痛苦

把自己當作泥土吧
讓眾人把你踩成一條道路

其結構表為：

```
┌─反（珍珠）：「老是把自己當珍珠」二行
└─正（泥土）：「把自己當作泥土吧」二行
```

　　作者在此特意地採用了怕被埋沒的「珍珠」，與被踩成一條路的「泥土」，形成一貴一賤、一反一正的對比效果，凸顯並讚美泥土「犧牲奉獻」的精神。下列幾首小詩，也是採用「先反後正」結構，請你仔細推敲後，在空格中填入你覺得最適當、最出色的詩句。

甲、黑夜給了我黑色的眼睛，
　　我卻用它（　　　　　　　　　　）。（顧城〈一代人〉）
乙、人們看不見葉底的花，
　　已被（　　　　　　　　　　）。（楊華〈小詩〉）
丙、有人把房子蓋在石頭上，
　　有人把房子蓋在鋼柱上；
　　我把房子蓋在（　　　　　　　），
　　（　　　　　　　　　　）。（陳黎〈房子〉）

丁、趁相思微微睡去的時候，

把她絞死了，

深深地埋在九幽之下；

但（　　　　　　　　　　），

（　　　　　　　　　　）。（劉大白〈淚痕之群〉）

(2)學生作品

甲、發現光明（806 陳楓桂）、看見光明（806 周妤潔）、看到光明的世界、（806 楊修維）、明亮的月光（806 郭乃瑄）、欣賞日出（813 王昱強）、發現白晝的美好（813 陳祈軍）、尋找光明（813 李亦宸）。

乙、蝴蝶娶回家當新娘了（813 張芳瑜）、葉的堅韌先吸引了（806 周妤潔）、裝飾成小女孩頭上的花圈（813 潘仰光）、妒心重的葉給遮了（813 鄭庭沛）、時間輕輕摘下（806 陳楓桂）。

丙、腦海中／隨著波浪起伏（806 陳楓桂）、藍天白雲上／從此夢想也跟著房子一層層攀升（806 曾國顏）、心海上／使我的心更強壯（806 周妤潔）、海面上／地震怎麼搖也搖不醒我（813 張芳瑜）。

丁、她會重生／帶著更大的思念（813 王昱強）、她，復活了／依附在每個孤寂的人身上（813 陳婉飴）、她的靈魂／卻還在吶喊著（813 洪琦媚）、天亮之後／相思又將慢慢甦醒（813 潘仰光）。

(3)引導與省思

美學家克羅齊說：「詩的材料泛流在所有人類的性靈中，只有表現，才能使詩人成為詩人。」於是我們設計了這一張學習單，配合「正反」法的教學，希望能以循序漸進的填空方式，一步一步引領學生走進新詩的殿堂。

首先，在相關的課文、類文、章法特色講解完畢後，發下學習單，先做範例的說明，闡釋每一首詩所形成的正反關係，再令學生試做其他四題。由於學生少有機會接觸新詩，不管是「行數的多寡，排列的參差，段落的分際，甚至標點、符號的運用」，或是節奏韻律與想像力等關於詩的常識，均可以先做適度的解說。至於什麼是散文的語言？什麼是詩的語言？有人從外形上、從表現上、從本質上，來加以區別；更有人以童謠式的歸納法：「一精二舞三重複，四美五韻六不盡」，一語道盡。此時可以多參考一些著作，如張默《小詩選讀》、蓉子《青少年詩國之旅》、蕭蕭《青少年詩話》、仇小屏《放歌星輝下──中學生新詩閱讀指引》、仇小屏《詩從何處來──新詩習作教學指引》等，不僅可以觸發諸多新穎而有創意的教學設計，整理之後再介紹給學生，更可收事半功倍之效。

因此，雖然國中階段的孩子少有機會品讀新詩、寫作新詩，在「尋求新的關係、發展新的意義」的「詩想」鎚鍊上，大體上都顯得十分生澀；但詩的創作，就像是「一顆種子，從泥土出生的變化和路徑」，經由模仿與練習，他們還是可以有相當不錯的表現。其中，以第一題的整體表現最為出色，學生多能經由詩句中「黑夜」、「黑色的眼睛」等語詞

的提示，與「光明」等事物產生對比聯想，而獲得不錯的詩句。這可能是因為在題材、詩意的安排上，學生比較能掌握的緣故。第三題，則因為一、二句的「房子」是蓋在具體的、堅固的「石頭上」、「鋼柱上」，學生容易產生對比聯想，想要把「房子」蓋在「藍天白雲上」、「心海上」、或是「海面上」。

　　至於乙、丁兩題，應是學生尚不能完全掌握詩意的鋪陳，以至於無法放開詩意的想像，因此整體的表現稍稍顯得薄弱；但也有一些新穎的聯想出現，如張芳瑜的「已被蝴蝶娶回家當新娘了」、周妤潔的「已被葉的堅韌先吸引了」，一個從蝴蝶採了花蜜回家產生聯想，一個從葉的獻出濃蔭產生聯想，兩人的想像都頗為別緻。又如王昱強的「她會重生／帶著更大的思念」、洪琦媚的「她的靈魂／卻還在吶喊著」、潘仰光的「天亮之後／相思又將慢慢甦醒」，無論是從「重生」、「甦醒」、或是「吶喊」，他們都一致地朝「先反後正」結構的方向，做出了最佳的聯想。（此四首的原詩句，分別是「尋找光明」、「一雙蝴蝶先知道了」、「酒罈上／地震來時跟著溢出的酒香搖擺歌唱」、「當春信重來的夜裡／她又從紅豆枝頭復活了」。）

　　此外，剛開始時，學生大都無法一下子就捕捉到詩人所要表達的意念，無法準確掌握一首詩的意旨；因此，老師可以多提醒學生注意「詩的題目」，抓住由「詩題」所透露的一點蛛絲馬跡，去攀緣想像力的繩索。國中階段的孩子，正是愛詩、寫詩的年齡，只要給予適當的啟發與引導，自會有精彩的詩句，從他們的筆下誕生。不過，由於大部分的學生

對乙、丁這兩題的詩意內涵，無法完全領會，以至於不能有
良好的發揮，這是下次在題目的設計上，需要調整留心之
處。

◎◎第八章◎◎

虛實類章法

(一)虛實類章法概說

　　虛實家族範圍廣泛，可說是章法中的一大家族。它包涵泛具法、點染法、凡目法、情景法、論敘法等；其中，「具」、「染」、「目」、「景」、「敘」，皆是具體的「實」，而「泛」、「點」、「凡」、「情」、「論」，則是抽象的「虛」。另外，它還包括具有虛實性質的時空類章法，如時間的虛實、空間的虛實；還有真實與虛假類中的設想與事實的虛實、願望與實際的虛實、夢境與現實的虛實、虛構與真實的虛實。

　　這一族類的章法，通常會經由「虛」與「實」的相映相生，產生共同的美感特色。「實」是觸發想像的基礎，它能提示、暗示、象徵非直觀的內容；「虛」則是借助於藝術的比喻、象徵、暗示等作用，通過想像對「實」的延伸、補充、豐富和發展。故「以實出虛」常能獲得含蓄美，「化實為虛」則能獲致騰飛的自由美；若虛實交錯並用，則又能生發不同風貌的靈動美，與整體虛實相生的和諧美，形成更豐富生動的藝術形象。

除了凡目法於另一節做介紹外，以下簡介其他幾種常見的虛實類章法：

1. 泛具法

定義：專事描述具體的情事、景物或特殊狀況的，是「具寫」；泛泛敘寫抽象情意或一般狀況的，是「泛寫」。因此，泛具法是結合泛寫與具寫的一種章法。

美感與特色：泛寫與具寫合用，可以使具體和抽象之間相得益彰，形成調和關係的「具象美」與「抽象美」，並能增強作品的藝術魅力，產生強大的感染力與美感效果。

2. 點染法

定義：「點染」，本指繪畫手法，後移用為辭章作法。「點」，指時空的一個落足點，僅用作敘事、寫景、抒情、或說理的引子、橋梁或收尾；而「染」，則指真正用來敘事、寫景、抒情、或說理的主體。

美感與特色：點染法深具律動的層次美、循環往復的節奏美、與統一美。在多層次的點染烘襯下，更可彰顯變化美。

3. 情景法

定義：藉外在、具體的景物，來襯托內在、抽象的情思的寫作手法；其中，寫景僅是手段，抒情才是目的。

美感與特色：由於情、景交相點染，隨各人情感的偏近於陽剛或偏近於陰柔，而有判然不同的揀擇，於是在情景轉

位之際，更添增了辭章的變化美與靈動美。另外，由於自然
常與天道「感通」，人與自然極易染上了一種形而上的超越
性。而「情景交融」，更可給人一個完整的、和諧統一的印
象，與耐人尋味的深度。

4. 論敘法

定義：在敘事的過程中，對所敘事件有所觸動、有所感
發，因而產生出相應的感想，發為議論。

美感與特色：敘事見理、論隨事生的論敘法，對客觀規
律的闡發、對客觀真理的揭示，描寫得愈深刻，就愈具有審
美深度，既可深化思想，又可使文章收到議論精闢的效果。

5. 時間的虛實

定義：時間的虛實法，便是將「實」時間（今、昔）與
「虛」時間（未來）揉雜於篇章中，以求敘事（寫景）、抒情
（論理）的一種章法。

美感與特色：由於「美感的騰飛反映」，文學作品可以
在早年的回憶、當時的印象、未來的憧憬等過去、現在、未
來三種時間中，來去自如，放縱想像，以獲得虛實互見的含
蓄美、自由美、變化美，與和諧美。

6. 空間的虛實

定義：虛實就空間來說，凡知覺所能感受到的，是
「實」；而知覺感受不到、透過設想而呈現的，則是「虛」。

美感與特色：文學作品的虛實空間之所以能轉換自如，

也是由於「美感的騰飛反映」，奔放縱馳想像的結果，故也可以產生含蓄美、自由美、變化美，與和諧美。

7. 設想與事實的虛實

定義：設想，是推翻已存在的事實，或是逆溯推翻前人已有的定論。因為時光不可能倒流，假設的情況不可能發生；因此，設想是「虛」，事實是「實」。

美感與特色：「意翻空而易奇，文徵實而難巧」，故若能「假設事實，虛論擬議，翻勝其意，以起波瀾」，如風吹水面，蕩起漣漪，虛靈變化，則可以產生種種奇趣異態，令人心曠神怡。

8. 願望與實際的虛實

定義：願望，是心中的一種尚未實現的想望，是「虛」；實際情況的部分，是「實」。

美感與特色：由於人面對所失去或所力求的對象，多會生發強烈的想望與期盼，會產生「想像的定向化」，然後「執於一念」，化為詩文，加深文章不盡的意蘊，產生誠摯動人的感染力。

9. 夢境與現實的虛實

定義：夢境不是真實的存在，是「虛」；現實世界，是「實」。

美感與特色：因為「非自控型的美感騰飛」在睡夢中更為酣暢，不受任何主觀因素的約制，意識更能自由流動，充

分展開想像。因此，藉夢境來寄情述志，突破現實的束縛，言不便明言者，道平時難道者，可創造出耐人尋味的含蓄意境與出人意料的藝術效果。

10. 虛構與真實的虛實

定義：虛構，指詩文中所出現的神話、寓言、幻想等虛構的成分；真實，則是真有其事，指作品中所駕馭的物材、事材全是真實的人、事、景、物。

美感與特色：因為虛構的寫作材料全是憑空想像得來，是作者擺脫實際生活的束縛，根據已有的生活經驗和知識，虛構出奇特的、不曾在真實世界中發生過的生活背景。因此，虛構與真實兩種映照的藝術因素，多能產生對立統一的美感效果。

(二)課文分析

如王之渙〈登鸛雀樓〉：

例文

> 　白日依山盡，黃河入海流。欲窮千里目，更上一層樓。

結構表

```
┌ 景（實）┬ 西（山）：「白日依山盡」
│          └ 東（水）：「黃河入海流」
└ 情（虛）：「欲窮千里目」二句
```

說明

　　沈括《夢溪筆談》曾記載：「河中府鸛雀樓三層，前瞻中條，下瞰大河，唐人留詩者甚多」；其中，「惟李益、王之渙、暢當三篇，能狀其景」。〈登鸛雀樓〉即是其一，先景後情，抒寫登樓所見與所感。開篇兩句，王之渙以「依山盡」的「白日」、「入海流」的「黃河」，一東一西的左右移動，可以推開最遼闊的空間，呈現出雄渾壯闊的自然景象。而隨著黃河水向東奔騰而去的視線，更將空間推向無限的遠方，讓「當前景」與「意中景」融而為一，增加畫面的深度與廣度，雖咫尺而有千里之勢。這是因為心理本身具有流動性、聯想性、跳躍性，可以打破現實的時空秩序，從而超出現實的限制，呈現出作者無限的創造力。

　　三、四句，承接一、二句，詩人除了以「樓」字點明這是一首登臨詩，更即景而生意，將「景」與「理」自然地消融在一塊，藉以說明高瞻遠矚的胸襟，與人生境界的提升，達到了日僧空海在《文鏡秘府論》中所說的「景入理勢」的境界，使人不覺得它在說理，而理自在其中。（參考陳滿銘《文章結構分析》）

又如陶淵明〈五柳先生傳〉：

例文

　　先生不知何許人也，亦不詳其姓字。宅邊有五柳樹，因以為號焉。

　　閑靜少言，不慕榮利。好讀書，不求甚解，每有會意，便欣然忘食。性嗜酒，家貧，不能常得。親舊知其如此，或置酒而招之。造飲輒盡，期在必醉，既醉而退，曾不吝情去留。環堵蕭然，不蔽風日；短褐穿結，簞瓢屢空。——晏如也。常著文章自娛，頗示己志。忘懷得失，以此自終。

　　贊曰：黔婁之妻有言：「不戚戚於貧賤，不汲汲於富貴。」極其言，茲若人之儔乎？酣觴賦詩，以樂其志。無懷氏之民歟！葛天氏之民歟！

結構表

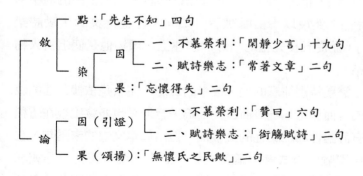

說明

　　吳楚材《評註古文觀止》說：「淵明以彭澤令辭歸後，劉裕移晉祚，恥不復仕，號五柳先生，此傳乃自述其生平之行也」。故本文採「先敘後論」結構，全就「揚」的一面來敘寫，旨在頌揚五柳先生「忘懷得失」的高尚志行，並藉此表明自己的志趣情懷。

　　首段四句是一個引子、橋梁，先說他「不以地傳」，次說他「不以名傳」，再點明所以得號為「五柳先生」的原因。次段，先以「閑靜少言」二句，寫他的性情；再以「好讀書」十二句，分讀書與醉酒兩節，寫他的嗜好；接著以「環堵蕭然」五句，就住、衣、食，寫他的修養。先分述五柳先生「不慕榮利」、「賦詩樂志」的高尚志行，然後再歸結出「忘懷得失」的一篇主旨來。

　　贊語即是「論」的部分，作者在此，仿史傳之例，以「贊曰」二字冠首，引出頌贊的一段文字來。先引「黔婁之妻有言」，藉古代高士的言行加以印證，呼應上段的「不慕榮利」；然後以「銜觴賦詩」二句，呼應上文的「賦詩樂志」，並從五柳先生的嗜好、志趣上，頌揚他是個上古人物作結。

　　需要特別注意的是，後半的贊語，完全是依據前面的敘事內容而產生。一般而言，一篇主旨通常也多會出現在這種帶有評論性與總結性的文字裡。但由於本文中的末兩句，它是以譬喻的方式發出讚美之聲，並未出現真正的情語或理語，而情語或理語，才是一篇文章的主旨所在。因此，必須

順著文章的內部呼應，回到前半段「敘」的部分，才能抓出呈現主要核心成分的「忘懷得失」的一篇主旨來。這種主旨安排的方式，可說是相當特殊而少見。（參考陳滿銘《文章結構分析》、陳佳君《國中國文義旨教學》）

又如蘇軾〈記承天夜遊〉：

例文

　　元豐六年十月十二日，夜，解衣欲睡；月色入戶，欣然起行。念無與樂者，遂至承天寺，尋張懷民。懷民亦未寢，相與步於中庭。

　　庭下如積水空明，水中藻荇交橫，蓋竹柏影也。

　　何夜無月？何處無竹柏？但少閒人如吾兩人耳！

結構表

```
    ┌─ 點:「元豐六年」二句
  實 │      ┌─ 事:「解衣欲睡」八句
    └─ 染 │
           └─ 景:「庭下如積」三句
  虛（情）:「何夜無月」三句
```

說明

　　元豐二年，因為「烏臺詩案」，東坡被捕下獄；十二月，貶為黃州團練副使。元豐三年二月，東坡抵達黃州，剛開始寓居於定惠院，不久之後才遷到臨皋亭。元豐五年，築

雪堂於東坡，始自號為東坡居士。到了元豐六年，東坡在黃州的生活慢慢趨於穩定，悲鬱的襟懷也自然地從剛開始的「憂讒畏譏，別具苦衷」，漸漸將無窮的傷感，轉為「光芒內斂」，再超脫為「回首向來蕭瑟處，歸去，也無風雨也無晴」的灑脫自然。〈記承天夜遊〉一文，記錄的正是東坡不避苦難、禁得起挫折之後，所展現的超曠自在的閑情逸致。

全文採「先實後虛」結構，先分從記事、寫景兩方面，具體點明夜遊的時間、地點、緣由、同樂者，並運用特寫鏡頭、利用譬喻手法，生動描摹庭中月色與竹柏疏影。最後則緣景而抒情，道出美景隨處皆可見，唯閑人自得之的旨意。（參考陳滿銘《蘇辛詞論稿》）

又如〈張釋之執法〉：

例文

釋之為廷尉。上行，出中渭橋，有一人從橋下走出，乘輿馬驚。於是使騎捕，屬之廷尉。釋之治問。曰：「縣人來，聞蹕，匿橋下。久之，以為行已過，即出，見乘輿車騎即走耳。」廷尉奏當，一人犯蹕，當罰金。文帝怒曰：「此人親驚吾馬；吾馬賴柔和，令他馬，固不敗傷我乎？而廷尉乃當之罰金！」釋之曰：「法者，天子所與天下公共也。今法如此而更重之，是法不信於民也。且方其時，上使立誅之則已。今既下廷尉，廷尉，天下之平也，一傾而天下用法皆為輕重，民安所錯其手足？唯陛下察之。」良久，上曰：「廷尉當

是也。」

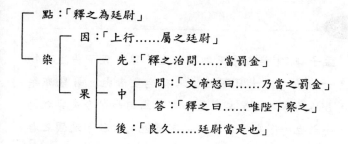

結構表

```
┌─ 點：「釋之為廷尉」
│
│    ┌─ 因：「上行……屬之廷尉」
│    │
└─ 染 │    ┌─ 先：「釋之治問……當罰金」
     │    │
     └─ 果│    ┌─ 問：「文帝怒曰……乃當之罰金」
          ├─ 中│
          │    └─ 答：「釋之曰……唯陛下察之」
          │
          └─ 後：「良久……廷尉當是也」
```

說明

　　根據司馬遷的記載，這一段故事是張釋之不屈從文帝的意見，以獨立的判斷、精到的見解，與嚴守法理的精神，強調人人都要尊重法律，而依法斷案的經過。全文「先點後染」，以「釋之為廷尉」一句，做為切入故事主題的引子、橋梁；底下再依縣人犯蹕、廷尉審問並依法定案、文帝先是驚怒而後決定尊重司法等事件發展的先後順序來鋪陳情節。其中，作者刻意以氣急而辭促的短句，逼真刻劃出犯人誠惶誠恐、緊張害怕的模樣與其情可憫之所在。而這種形象的塑造，與文帝當時震怒的神態、釋之據理侃侃而談的氣度，三者之間恰恰形成一個有趣而鮮明的對照，令人不覺莞爾。司馬遷挾「其涉獵者廣博，貫穿經傳，馳騁古今上下，數千載間」，故文字精煉，情節鋪染得宜，連班固在《漢書·司馬遷傳贊》中，都不得不發出「善序事理，辨而不華，質而不

俚，其文直，其事核，不虛美，不隱惡」，「蓋良史之才也」
的贊言。

又如《孟子‧告子上》：

例文

　　孟子曰：「無或乎王之不智也！雖有天下易生之物
也，一日暴之，十日寒之，未有能生者也。吾見亦罕
矣，吾退而寒之者至矣。吾如有萌焉何哉？今夫弈之為
數，小數也，不專心致志，則不得也。弈秋，通國之善
弈者也。使弈秋誨二人弈，其一人專心致志，惟弈秋之
為聽。一人雖聽之，一心以為有鴻鵠將至，思援弓繳而
射之，雖與之俱學，弗若之矣。為是其智弗若與？曰：
非然也。」

結構表

```
┌ 點：「孟子曰」
│      ┌ 果：「無或乎王之不智也」
└ 染 ─┤      ┌ 賓（一暴十寒）：「雖有天下……未有能生者也」
       └ 因 ─┤ 主（諷諫齊宣王）：「吾見亦罕……有萌焉何哉」
              │         ┌ 因：「今夫弈之……弗若之矣」
              └ 賓（學弈之數）┤
                        └ 果：「為是其智……非然也」
```

說明

　　全文採「先點後染」結構，「孟子曰」一句是「點」，以作為下文的引子。「染」的部分，先提出「無或乎王之不智也」這一個結果來，再說明齊王不能成為明智之君的原因，是由於孟子一走，小人馬上就圍繞在君王身旁，一暴十寒的結果，根株怎能萌芽茁壯？孟子更進一步舉學下棋為例，說明持之以恆、專心致志才是成敗勝負的關鍵。孟子之文，「至簡至易，如舟師執舵，中流自在，而推移費力者不覺自屈」（劉熙載《藝概》）。證之於〈弈喻〉這篇文章，可以發現孟子正是擅長以譬喻、寓言、故事、日常見聞等切近的事例，把道理說得生動、明白、暢達。

　　又如孟浩然〈過故人莊〉：

例文

　　故人具雞黍，邀我至田家。綠樹村邊合，青山郭外斜。開筵面場圃，把酒話桑麻。待到重陽日，還來就菊花。

結構表

```
┌ 實（今日）┬ 邀約：「故人」二句
│          └ 赴約：「綠樹」四句
└ 虛（未來）：「待到」二句
```

說明

此詩旨在以田園風光襯托出老朋友相見時的深切情誼。
前六句是就「實時間」（今日）而言，「待到」二句則是就
「虛時間」（未來）而言，全詩形成（時間的）「先實後虛」
結構。首二句，以老朋友誠摯的邀約做為開端，點明題目。
「綠樹」二句，寫莊外所見的景致，以一「合」字形容樹之
多，以一「斜」字形容山之遠；把整個村莊四周的明媚風
光，妝點得綠意盎然，透顯出此次造訪的愉悅心情。「開
筵」二句，是老友相聚時把酒言歡、話家常的歡樂情景。
「待到」二句，則是預定了下次相聚的時間，由實轉虛，既
呼應了前文的「邀」字，「就菊花」一詞，更寓有祝福的美
意，使兩人的情誼又推深了一層。全詩從邀約寫起，進而寫
村景、寫對酌，最後又以重陽為約，首尾圓合。而老友深厚
的情誼，由篇外貫穿到篇內所寫的景物與事物，形成統一之
美，使人百讀而不厭。（參考陳滿銘《文章結構分析》）

又如杜甫〈聞官軍收河南河北〉：

例文

　　劍外忽傳收薊北，初聞涕淚滿衣裳。卻看妻子愁何
在，漫卷詩書喜欲狂。白日放歌須縱酒，青春作伴好還
鄉。即從巴峽穿巫峽，便下襄陽向洛陽。

結構表

```
      ┌ 實（現在）┌ 因：「劍外」句
      │          │      ┌ 自身：「初聞」句
      │          └ 果 ─┤
      │                 └ 妻子：「卻看」二句
      │
      └ 虛（未來）┌ 返鄉時間：「白日」二句
                 └ 還鄉路程：「即從」二句
```

說明

　　此詩旨在抒寫「聞官軍收河南河北」後「喜欲狂」之
情，前五句是就「實時間」（今日）而言，「青春」三句則是
就「虛時間」（未來）而言，全詩形成「先實後虛」結構。
起聯藉「忽傳」、「初聞」寫事出突然，自己喜極而泣的情
形；領聯採設問語氣，詩人巧妙地以「卻看」二字，使讀者
的焦點由自身移轉至妻子身上，再以「漫卷詩書」四字作具
體的描寫，寫妻子聽聞官軍收復山河後狂喜的情狀，拈出一
篇主旨「喜欲狂」。頸聯則由實轉虛，以「放歌縱酒」上承
「喜欲狂」，以「青春作伴」上承「妻子」，寫春日攜伴還鄉
的打算。末聯則緊接上聯「好還鄉」而來，一口氣道出了巴
峽、巫峽、襄陽、洛陽四個地點，虛寫了還鄉所需經過的路
程。如此由「忽傳」而「初聞」、「卻看」而「漫卷」、「即
從」而「便下」，一氣奔注，將「喜欲狂」之情渲染得精彩
極了。（參考陳滿銘《文章結構分析》）

㈢延伸教學

1. 閱讀教學

如王鼎鈞〈水葫蘆〉：

例文

　　有一位朋友的家中高懸三個大字：「水葫蘆」。我問這三個字的出典，他一聲不響端出一盆水，把一個小小的葫蘆擺在裡面，表演給我看：他伸手把葫蘆的一端按下去，另一端立刻翹高，他在葫蘆的中腰加力，把它壓進水底，它立刻換個地方再冒上來。這水中的葫蘆是那麼堅韌，那麼安靜，那麼有自信心，無論壓力從那個方向來，決不消沉。「這就是我的人生觀」。我的朋友如此解釋。

閱讀小站

（　　）1. 作者先敘述朋友家中高懸「水葫蘆」三個大字，說明水中的葫蘆總是可以找到減輕壓力的方法與途徑的道理，最後再道出友人的人生觀。這是運用了那一篇章修辭法？①點染法②賓主法③凡目法④敘論法。

（　　）2. 「水葫蘆」代表的是那一種人生觀？①堅定自信②

熱情活潑③謙沖自牧④奮發進取。

參考答案 1. （4），2. （1）。

結構表

```
        ┌ 因：「有一位朋友……水葫蘆」
  ┌ 敘 ┤      ┌ 因：「我問這三個字的出典」
  │    └ 果 ┤
  │          └ 果：「他一聲不響……決不消沉」
  └ 論：「這就是我的人生觀」二句
```

說明

〈水葫蘆〉旨在說明「竹子常常要彎下腰來減輕風的壓力，但風不會永遠在吹，而竹一直生長，越長越堅韌」的道理，文意淺顯，寓意深刻。全文採用了「先敘後論」結構，在「敘」的部分，交代事情發生的前因後果，並經由友人的表演，說明無論是從這一端、中腰、或另一端，對葫蘆施以壓力，水中的葫蘆總是可以找到減輕壓力的方法與途徑，不令自己在壓力的氛圍中扭曲變形。友人也因而從中體悟，在面對生活中無處不在的壓力、挫折時，宜堅韌、安靜、而有自信的人生觀，故最後兩句是「論」的部分。

又如張潮《幽夢影選》：

例文

　　有地上之山水，有畫上之山水，有夢中的山水，有胸中之山水。地上者妙在邱壑深邃，畫上者妙在筆墨淋漓，夢中者妙在景象變幻，胸中者妙在位置自如。

閱讀小站

（　）1. 此則先以類疊的並列句式，敘述山水有地上、畫上、夢中與胸中的分別，再總論這四種山水的美妙之處。這是運用了那一種篇章修辭法？①凡目法②敘論法③點染法④賓主法。

（　）2. 「胸中之山水」之所以「妙在位置自如」，主要是由於運用了那一種能力的緣故？①觀察力②記憶力③想像力④決斷力。

參考答案 ☑1.（2），2.（3）。

結構表

```
    ┌ 敘 ┬ 天（自然）：「有地上」句
    │    └ 人（人文）：「有畫上」三句
    └ 論 ┬ 天（自然）：「地上者」句
         └ 人（人文）：「畫上者」三句
```

說明

　　《幽夢影》是一部清新可愛的隨筆小品文,「是那樣的舊,又是這樣的新」(林語堂),尤其「多格言妙論,言人之所不能言,道人之所未經道。展味低徊,似餐帝漿沆瀣,聽鈞天廣樂,不知此身之在下方塵世矣」。本文所選的這一則,採用「先敘後論」形式,先以類疊、並列的句式,敘述地上、畫上、夢中,與胸中等山水之別,再綜論這四種山水的美妙之處。無論是妙在於邱壑深邃、筆墨淋漓,或是妙在景象變幻、位置自如,都是觀察力、創造力、與想像力的展現。幽人夢境,細細讀來,清新雋永,全書「非名言,即韻語」,皆是從胸次體驗中自然流洩而出。「若夫舒性情而為著述,緣閱歷以作篇章,清如梵室之鐘,令人猛省;響若尼山之鐸,別有深思」,這也正是《幽夢影》一書深受眾人喜愛的原因。

　　又如李白〈關山月〉:

例文

　　明月出天山,蒼茫雲海間。長風幾萬里,吹度玉門關。漢下白登道,胡窺青海灣。由來征戰地,不見有人還!戍客望邊色,思歸多苦顏。高樓當此夜,歎息未應閒!

閱讀小站

（　）1. 本詩前四句，寫眼前所見的「實空間」；「漢下」四句，則是描寫設想中的「虛空間」；最後四句，又是寫眼前所見的「實空間」。全詩形成了那一種結構類型？①「凡、目、凡」結構②「因、果、因」結構③「實、虛、實」結構④「賓、主、賓」結構。

（　）2. 由句數、平仄、押韻情形來判斷，這應是一首詠邊塞的①絕句②律詩③詩餘④樂府詩。

參考答案　1.（3），2.（4）。

結構表

```
      ┌ 實 ┬ 高：「明月」二句
      │    └ 低：「長風」二句
      │
 ─────┼ 虛 ┬ 因：「漢下」二句
      │    └ 果：「由來」二句
      │
      └ 實 ┬ 因：「戍客」句
           └ 果：「思歸」三句
```

說明

這是一首詠邊塞的樂府詩。前四句是就「實空間」而

言，「漢下」四句是就「虛空間」而言，最後四句又是就「實空間」而言，全詩形成虛實交錯出現的「實、虛、實」結構。「明月」二句，敘高處之景，「長風」二句，敘低處之景；此四句將題目一一拆出，描寫邊塞蒼茫遼闊的月色，並點明詩人現今的所在地（甘肅省的玉門關），這是「實一」的部分。中間四句則是懷古，因「白登道」位於山西省大同縣東，「青海灣」位於青海省東部，故「漢下」二句當是設想之景，是詩人設想昔日邊關戰爭之慘烈，再由此轉出「由來征戰地，不見有人還」的主意（「理語」），點明一篇主旨，這是「虛」的部分。末四句是「實二」的部分，直道眼前事，敘寫守邊戰士因盼望回歸家園而苦顏的情景，詩人在此不直說自己思念家園之苦，卻說家人登樓思念遠方遊子之苦，使得思歸之情，更深進了一層。（參考喻守真《唐詩三百首詳析》）

2. 寫作教學

(1)寫作練習

　　《列子》中有一段文章，內容是描寫齊國有一個人想金子想瘋了，竟然在光天化日、眾目睽睽之下，搶奪了別人的金子。縣太爺問他：「你怎麼敢公然搶金子呢？」齊人回答說：「我在搶金子的時候，眼中只看到閃閃發亮的金子，那裡還看得到人呢？」其原文為：

　　昔齊人有欲金者，清旦衣冠而之市，適鬻金者之所，因攫其金而去。吏捕得之，問曰：「人皆在焉，子攫人之金

何？」對曰：「取金之時，不見人，徒見金。」（《列子・說符》）

這是一則寓言故事，請你用心思索後，自訂一個適當的題目，並採用「先敘後論」或「先論後敘」結構，寫一篇四百字左右的心得。

(2)學生作品

〈慾念的鹽酸〉

我曾聽過一個故事。

有一個人，聽說世界上有搖錢樹，就想盡辦法要得到它。有個騙子知道了，就告訴這個人說他知道搖錢樹在那裡，不過需要一筆龐大的資金。於是這個人傾家蕩產，把妻兒賣去當奴僕，才湊到一筆，交給騙子。騙子拿了錢，高高興興的走了，結果失足墜河，淹死了。這個人因為錢全都被騙走，只好流落在街頭，開始過著乞討的日子。

這是個未完成的故事，主角由於想要獲得搖錢樹，以至於落得人財兩空，一無所有；騙子由於貪圖主角的錢財，以致賠上性命，得不償失。他們都是由於慾念太深，到頭來反而被慾念吃掉，有如鹽酸把人心都腐蝕了。也許你要說故事尚未完成，也許主角可以重新開始，拿回他的一切。但是我要說，慾念的鹽酸是可怕的，主角雖然受到了報應，但是搖錢樹的慾念卻永遠存在。因此，故事的結局是：主角最後因過度刺激，而在騙子死後的第三天，死在一棵「搖錢樹」下，結束他的一生。（816　蔡秉勳）

(3)引導與省思

在課文、類文、虛實類章法的定義，以及美感特色等部分，都講解完畢後，發下學習單，由老師簡單講解《列子・說符》這一則寓言故事，多方提示其中可能寄託的道理，再令學生將所觸發聯想到的心得，依「先敘後論」或「先論後敘」結構，一一寫下。

在我們的教學設計裡，原本還附上了一幅由蔡志忠先生所繪的漫畫「眼之所見」（取材自皇冠雜誌社《列子說——御風而行的哲思》），令學生「看圖說故事」、「看漫畫寫心得」。有圖文的交相配合，可以提高學生的寫作興致，而且每個人的聯想與體會，全然不同。整體而言，面對看文章、看圖寫心得這一類的教學設計，學生的反應多半是一提筆就開始論述自己的看法，較少能自覺地去運用篇章結構來安排布局；這時，如果老師能給予適當的、一定方向的引導，學生多能展現出具有一定水平的成果來。

例如，蔡秉勳把人潛意識裡所存的「慾念」比喻為「鹽酸」，當貪念遠大過於良知時，這一個慾念就會像鹽酸一樣，漸漸腐蝕人心，最後喪失天良，招致毀滅之途。先敘說一個故事、再說明道理，這種運材布局的方式，就是我們常用卻習焉而不察的「先敘後論」結構。故事中想貪得搖錢樹的「主角」是「主」，那一個「騙子」則是「賓」，賓主相輔相成，彰顯出「慾念有如鹽酸，會把人心都腐蝕」的一篇主旨來。秉勳可說是成功地運用了「論敘」結構，貼切的譬喻，加上「賓主」結構的輔助效果，整篇文章的思索深度精微，抒發了個人獨到的見解。

―― ⌒⌒ 第九章 ⌒⌒ ――

因果類章法

㈠因果類章法概說

　　因果類章法，包含本末法、淺深法、因果法等。它們主要是根據事（情）理的展演來組織篇章，因此都具有因果邏輯條理。就因果類章法的整體美感特色而言，符合事理展演秩序的順推式結構，容易生規律美；顛倒發生次序的逆推式結構，多半會獲致新奇美；而順逆雙向結合的變化結構，既可推深情意又能使條理更曲折，因而具有變化美。

　　以下簡介幾種常見的因果類章法：

1. 本末法

　　定義：本末法就是將事理的原始本末，依照「由本推到末」或「由末推到本」的條理，依序層層推進的謀篇方式。

　　美感與特色：逆溯、順推的思維方式，不僅具有規律美，神經活動也因省力而產生快感，達成全體的和諧統一與變化美感。

2. 淺深法

定義：淺深法是因文意（境）有淺有深，而形成層次的章法。

美感與特色：淺深法能將文意（境）淺深的變化情形凸顯出來，相當合乎事物發展的規律，與美感情緒的波動變化，所以自能產生一種規律美。

3. 因果法

定義：因果法是以題意為中心，推論其因果關係為開頭，或推尋事理之本原，然後言其得失的謀篇技巧。

美感與特色：「先因後果」形式，可使讀者自然而然地掌握行文脈理；先提出論點的「先果後因」形式，則極易形成一種懸疑性，產生一股期待欲。至於「因」與「果」的多次呈現，能刺激欣賞心理產生反應，在兩端間來回擺動，產生強烈的節奏感，產生齊一、反覆的節奏美。

(二)課文分析

如道格拉斯・麥克亞瑟〈麥帥為子祈禱文〉：

> **例文**
>
> 主啊，請陶冶我的兒子，使他成為一個堅強的人，能夠知道自己什麼時候是軟弱的；使他成為一個勇敢的人，能夠在畏懼的時候認清自己，謀求補救；使他在誠

實的失敗之中，能夠自豪而不屈，在獲得成功之際，能
夠謙遜而溫和。

　　請陶冶我的兒子，使他不要以願望代替實際作為；
使他能夠認識主——並且曉得自知乃是知識的基石。

　　我祈求你，不要引導他走上安逸舒適的道路，而要
讓他遭受困難與挑戰的磨鍊和策勵。讓他藉此學習在風
暴之中挺立起來，讓他藉此學習對失敗的人們加以同情。

　　請陶冶我的兒子，使他的心地純潔，目標高超；在
企圖駕馭他人之前，先能駕馭自己。要懂得去笑，並不
忘記如何哭泣；對未來善加籌畫，但是永不忘記過去。

　　在他把以上諸點都已做到之後，還請賜給他充分的
幽默感，使他可以永遠保持嚴肅的態度，但絕不自視非
凡，過於拘執。請賜給他謙遜，使他可以永遠記住真實
偉大的樸實無華，真實智慧的虛懷若谷，和真實力量的
溫和蘊藉。

　　然後，作為他的父親的我，才敢低聲說道：「我已
不虛此生！」

結構表

```
          ┌ 並列一：「主啊……能夠謙遜而溫和」
      ┌ 淺 ┤ 並列二：「請陶冶我的兒子……加以同情」
      │   └ 並列三：「請陶冶我的兒子……永不忘記過去」
  ┌ 因 ┤
  │   │   ┌ 並列一（幽默）：「在他把以上……過於拘執」
  │   └ 深 ┤
  │       └ 並列二（謙遜）：「請賜給他謙遜……溫和蘊藉」
  └ 果：「然後……我已不虛此生」
```

說明

本文雖題為「為子祈禱」,實則深寓訓誨之意,也寫盡了天下父親對兒子的期勉與關愛之情。它以祈禱文的形式,採用「先因後果」結構。它十分符合人們認識活動和思想發展的邏輯,並以順推的方式產生規律美。採用這種結構方式,用於記事,可以引起閱讀興趣,全面瞭解事情的原委;用於議論,可以幫助讀者弄清客觀事物發展變化的前因後果,全面地認識事物,更好地對事物的本質作出正確的判斷。(參考成偉鈞、唐仲揚、向宏業《修辭通鑑》)

故一、二、三、四、五段是「因」的部分,希望陶冶兒子成為一個「智者不惑、仁者不憂、勇者不懼」智仁勇三者兼具的君子,有自知之明、能策勵自己、能對人加以同情,能反求諸己、懂得回顧與前瞻。在這些都能切實做到以後,又能培養幽默與謙遜,成為一個自立自強的人。作者逐條寫來,極具層次感。篇末以「我已不虛此生」作結,語氣謙遜而委婉,情意懇摯,感人肺腑。

又如李慈銘《越縵堂日記》選:

例文

傍晚,獨步至倉頡祠前看稻花。時夕陽在山,蒼翠欲滴,風葉露穗,搖蕩若千頃波,山外煙嵐,遠近接簇,悠然暢寄,書味滿胸。此樂非但忘貧,兼可入道。

結構表

因 ─┬─ 泛：「傍晚」二句
　　└─ 具：「時夕陽在山」二句
─┴─ 果：「此樂」二句

說明

　　這一則旨在說明欣賞自然景物的樂趣，採「先因後果」形式。「傍晚」二句，簡單交代散步的時間、地點，繼而著力描摹眼前所見之景。作者的視點由夕陽、山景，漸漸挪移至近處結實纍纍的稻穗，再隨著清風與千頃波，向山外煙嵐處延伸，由遠而近而遠，推展成一片視野遼闊的景象。最後將眼中所見的美景，與讀書之樂相映合，由此領悟樂道而忘貧的悠然之情。全文既寫「蒼翠欲滴」等靜態的自然之美，也寫「風葉露穗，搖蕩若千頃波」等動態的壯美，稻香與書香、閱讀與生活，交融於胸，引人生發無限的的安閒自得的情味。

　　又如《論語選》：

例文

　　子曰：「三人行，必有我師焉。擇其善者而從之，其不善者而改之。」

結構表

```
┌ 果:「子曰」三句
│     ┌ 正:「擇其善者而從之」句
└ 因 ┤
      └ 反:「其不善者而改之」句
```

說明

　　這一則語錄體，旨在說明聖人無常師，人人皆可以成為自己學習、反省的對象。「子曰」三句，是提出「三人行，必有我師」這一結果；底下再採一正一反的句式，說明人各有所長、也各有所短，面對別人的長處，宜見賢思齊，見到別人的短處要引以為鑑，要見不賢而內自省。「先果後因」是一種逆溯的推展規律，它的好處是「可推原其來歷」，或「推原其用心」，或「推原其所以然」。文章一開頭，就先提出全文的旨意，再針對問題所提出的看法或主張，逐一疏說，逐一辨證，除了容易形成懸疑性、產生期待欲，並可予人豁然開朗的明暢感。

　　又如《戰國策‧鷸蚌相爭》：

例文

　　蚌方出曝，而鷸啄其肉，蚌合而拑其喙。鷸曰：「今日不雨，明日不雨，即有死蚌。」蚌亦謂鷸曰：「今日不出，明日不出，即有死鷸。」兩者不肯相舍，漁者得而並禽之。

結構表

```
        ┌       ┌ 先:「蚌方出曝」三句
        │   因 ─┤
    ┌ 因 ┤       └ 後:「鷸曰」八句
    │   │   果:「兩者不肯相舍」句
    ┤   └
    └ 果:「漁者得而並禽之」句
```

說明

　　據《戰國策・燕策》的記載，這是蘇代游說趙惠王不要攻打燕國，所捏造的一則寓言故事，以闡明「今趙且伐燕，燕、趙久相支，以敝大眾，臣恐強秦之為漁父也，故願大王之熟計之也」的真正意旨。全文以鷸、蚌不相讓為「因」，導致漁翁得利之「果」，形成「先因後果」結構。「因」的部分，先寫蚌張殼曬日，卻遭到鷸鳥伸嘴啄其肉，因而趕緊合起蚌殼夾住鷸嘴；其次以兩者的對話，彰顯雙方劍拔弩張、互不退讓的僵局，以至於落得雙雙被漁夫捕獲的結果。本篇藉著一則簡單的動物寓言，由「偏」而「全」，提煉出寓意深厚的哲理，可說是主旨寓於篇外的最佳範例。

㈢延伸教學

1. 閱讀教學

　　如徐志摩〈翡冷翠山居閑話〉（節選）：

例文

　　什麼偉大的深沉的鼓舞的清明的優美的思想的根源
不是可以在風籟中，雲彩裡，山勢與地形的起伏裡，花
草的顏色與香息裡尋得？自然是最偉大的一部書，葛德
說，在他每一頁的字句裡我們讀得最深奧的消息。並且
這書上的文字是人人懂得的。阿爾帕斯與五老峰，雪西
里與普陀山，萊因河與揚子江，梨夢湖與西子湖，建蘭
與瓊花，杭州西溪的蘆雪與威尼市夕照的紅潮，百靈與
夜鶯，更不提一般黃的黃麥，一般紫的紫藤，一般青的
青草同在大地上生長，同在和風中波動——他們應用的
符號是永遠一致的，他們的意義是永遠明顯的，只要你
自己性靈上不長瘡癑，眼不盲，耳不塞，這無形跡的最
高等教育便永遠是你的名分，這不取費的最珍貴的補劑
便永遠供你的受用；只要你認識了這一部書，你在這世
界上寂寞時便不寂寞，窮困時不窮困，苦惱時有安慰，
挫折時有鼓勵，軟弱時有督責，迷失時有南針。

閱讀小站

（　）1. 作者採用中外對照的方式，採用類疊的句式，將
　　　　　山、水、湖、花、鳥、麥、藤等自然美景，一一羅
　　　　　列出來，可造成迴旋而反覆的①色彩美②節奏美③
　　　　　對比美④凸出美。

（　）2. 本文先提出「自然是最偉大的一部書」這一個原

因，然後再歸結出性靈在大自然中，可以得到最珍貴的補劑，可以得到慰勉與指引這樣的結論來。這是運用了那一種篇章修辭法？①點染法②凡目法③近遠法④因果法。

參考答案 ☑1.（2），2.（4）。

結構表

```
┌ 果（論）：「什麼偉大的深沉……是人人懂得的」
├ 因（敘）：「阿爾帕斯與五老峰……同在和風中波動」
└ 果（論）：「他們應用的符號……迷失時有南針」
```

說明

　　作者以清新而熱情的筆調，賦予五月的翡冷翠以鮮明的形象和色彩，表達作者被此情此景所激發出來的獨特美感情緒。本文節選了文章中最後的一段，它採「果、因、果」結構，圍繞著「自然是最偉大的一部書」這一主題，闡述詩人洞悉了大自然的真諦後所領略的樂趣。並採中外對照的方式，將山、水、湖、花、鳥、麥、藤等自然美景，一一鋪排羅列出來；再潑灑一大片的黃、紫、青等濃而豔的色彩，情致豐富而多樣，節奏迴旋而反覆，美的令人窒息。徐志摩自己也說：「情緒是何等的活潑，興趣是何等的醇厚，一路來眼見耳聽心感的種種，那一樣不活栩栩的叢集在我的筆端，爭求充分的表現！」於是文末歸結出性靈在大自然中，可以

得到最珍貴的補劑、最徹底的慰勉與指引這樣的結論來。

從文章結構的形成過程來看，作者的思緒顯然容易受到邏輯的因果關係的影響，也必然會根據自己的世界觀、生活態度以及美學理想，對外界進行分析、比較、選擇，以及拆散、連接、融合、與加工。因此，只要抓住這個樞紐，並加以深究，就可以明白事物發展、變化的前因後果，作出正確的判斷，以獲得文章的主旨。

又如《太平廣記》中的一段文章：

例文

　　魯有執長竿入城門者。初，豎執之，不可入；橫執之，不可入，計無所出。俄有老父至，曰：「吾非聖人，但見事多矣，何不以鋸中截而入！」遂依而截之。

閱讀小站

（　）1. 本文依照事件發生的先後一，將魯人執長竿想要入城，因為城門不夠高而長竿太長，以致於被門擋住，結果聽從老人的建議鋸斷長竿的前因後果，一一交代清楚。這是運用了那一種篇章修辭法？①先正後反法②先賓後主法③先凡後目法④先因後果法。

（　）2. 除了「鋸中截而入」，魯人如果想要執長竿入城，還有什麼方法？①豎拿②橫拿③平直拿④斜拿。

參考答案 ☞1.（4），2.（3）。

結構表

```
┌ 點：「魯有執長竿入城門者」
│     ┌ 因：「初，豎執之……何不以鋸中截而入」
└ 染 ┤
      └ 果：「遂依而截之」
```

說明

　　《太平廣記》是宋・李昉等人奉命監修編輯而成，採用的書籍達三百多種，而且多是神話筆記小說。本文先點出魯人執長竿想要入城這一件事，再依此事鋪染而成。「染」的部分，即採用「先因後果」形式，因為城門不夠高而長竿太長，以至於無論橫拿、豎拿，長竿都被城門擋住而不得入，結果聽從老人的建議，鋸斷長竿的故事。魯人的憨傻、不知變通，與老人的鄙陋，令全文充滿滑稽的情味，引人莞薾。

　　又如《世說新語・夙惠》：

例文

　　晉明帝數歲，坐元帝膝上。有人從長安來，元帝問洛下消息，潸然流涕。明帝問何以致泣，具以東渡意告之。因問明帝：「汝意謂長安何如日遠？」答曰：「日遠。不聞人從日邊來，居然可知。」元帝異之。明日，

集群臣宴會，告以此意，更重問之。乃答曰：「日近。」元帝失色，曰：「爾何故異昨日之言邪？」答曰：「舉目見日，不見長安。」

閱讀小站

（　）1. 晉明帝先是以「不聞人從日邊來」而回答「日遠」，後來又以「舉目見日，不見長安」而回答「日近」。作者如此安排，是為了表現明帝的①反覆無常②投機取巧③聰明夙惠④朝三暮四。

（　）2. 本文先敘述晉朝京城淪陷，偏安江南，晉元帝因懷念故土而潸然淚下，引起了明帝的詢問，而有「長安遠」還是「日遠」這一段對話的發生。這是採用①先因後果法②先賓後主法③先近後遠法④先反後正法。

參考答案 1.（3），2.（1）。

結構表

因（先）
　┌ 因：「晉明帝數歲……以東渡意告之」
　└ 果：「因問明帝……元帝異之」

果（後）
　┌ 因：「明日……更重問之」
　└ 果：「乃答曰……不見長安」

說明

　　本文選自《世說新語》，旨在描寫晉明帝幼年時期所展露出來的「夙惠」。它也是採用「先因後果」形式，敘述晉朝京城淪陷，偏安江南，晉元帝因懷念故土而潸然淚下，引起明帝的詢問，而有「長安遠」還是「日遠」這一段對話的發生。明帝先以「不聞人從日邊來」，答說「日遠」；後來又以「舉目見日，不見長安」，而答說「日近」。乍聞之下，答案前後反覆，但卻充分展現出明帝數歲時的聰明伶俐與機智的反應。全文文筆簡潔，刻劃人物，著墨不多，卻栩栩生動，如在目前。

　　又如林徽音〈你是人間的四月天——一句愛的讚頌〉（節錄）：

例文

　　我說你是人間的四月天；
　　笑響點亮了四面風；輕靈
　　在春的光豔中交舞著變。

　　你是四月早天裡的雲煙，
　　黃昏吹著風的軟，星子在
　　無意中閃，細雨點灑在花前。

　　⋮

你是一樹一樹的花開，是燕
在樑間呢喃，——你是愛，是暖，
是希望，你是人間的四月天！

閱讀小站

（　）1. 詩人特意在第一行與最後一行，以「你是人間的四月天」一句，做為開端與結束，中間再一一敘述原因。這是是採用那一種篇章修辭法？①果、因、果②正、反、正③主、賓、主④近、遠、近。

（　）2. 「笑響點亮了四面風；輕靈／在春的光豔中交舞著變」二行，詩人利用了那幾種知覺摹寫，帶領讀者隨著四面飛舞的風，觀賞四月的無邊春色？①聽覺、視覺②視覺、嗅覺③聽覺、味覺④嗅覺、觸覺。

參考答案 ✄ 1.（1），2.（1）。

結構表

```
┌─ 果：「我說你是人間的四月天」
│
│        ┌─ 因 ┌─ 底（聽覺）：「笑響點亮了四面風；輕靈」二行
│        │     └─ 圖（視覺）：「你是四月早天裡……在樑間呢喃」
├─ 因 ─┤
│        └─ 果：「你是愛，是暖，是希望」
│
└─ 果：「你是人間的四月天」
```

說明

　　〈你是人間的四月天〉是一首深受人人珍愛的詩作，也充分展現了林徽音一貫委婉細緻、講究韻律、深富音樂性的詩作風格。全詩採用「果、因、果」形式，詩人特意在第一行與最後一行，以「你是人間的四月天」一句，做為開端與結束，有首尾圓合的效果。中間「因」的部分，先以「笑響」的聽覺印象為「底」，讓視覺隨著四面飛舞的風，覽盡光豔而多變的無邊春色；再依次描繪四月天給人的印象，如「早天裡的雲煙」、「黃昏吹著風的軟」、「星子在無意中閃」、「細雨點灑在花前」、「鮮妍百花的冠冕」、「夜夜的月圓」、「雪化後那片鵝黃」、「新鮮初放芽的綠」、「期待中的白蓮」、「一樹一樹的花開」、「燕在樑間呢喃」等一幅幅春的美麗圖象，而且這些都是「你」，這些都是「因」，也才有「你是愛，是暖，是希望」的結果出現。尤其女詩人刻意截斷或倒裝許多完整的句子，讓讀者不自覺地在詩行間時時佇留欣賞，流露出盎然的詩意。（參考仇小屏《世紀新詩選讀》）

2. 寫作教學

(1)寫作練習

甲、詩句填空

飲盡了這一天

五味雜陳的

烈酒之後

黃昏醉了（向明〈黃昏醉了〉節選）

　　這是一首情景交融、意象十分凸出的新詩。一開頭，詩人即率真地以「飲盡」點明題意；而且將被夕陽餘暉染紅了的大地，與喝醉了酒的殷紅的臉龐，聯想在一起，使得人性化了的「黃昏」，更顯出異樣的風情。全詩形成了「先因後果」結構：

```
┌ 因：「飲盡了這一天」三行
└ 果：「黃昏醉了」
```

　　下列的詩篇，也是採用「先因後果」結構。仔細推敲後，請在空格中，填入你覺得最適當、最出色的詩句。

Ａ、我在上游
　　你在下游
　　我們相會於（　　　　　　　　　）（洛夫〈髮〉節選）
Ｂ、掃地擦黑板的值日生
　　不小心掃落一顆流星
　　楞在那兒
　　（　　　　　　　　　　　）（張健〈掃〉）
Ｃ、一隊隊的書籍們
　　從書齋裡跳出來
　　抖一抖身上的灰塵
　　（　　　　　　　　　　　）（瘂弦〈寂寞〉）

　　乙、請以「一件難忘的事」為主題，自訂一個適宜的題

目，並依據「由果而因」的順序，寫成一篇三百字左右的文章。（中間若能加上個人的聯想、體會，與看法，一定更出色！）

(2)學生作品

甲、詩句填空

Ａ、一圈圈的漣漪裡（806 陳楓桂）、熱戀的情感中（806 康和祥）、那瀑布的深淵（813 鄭庭沛）、黑色的漩渦（806 周妤潔）。

Ｂ、不知所措（813 謝凱帆、813 呂柏君）、忘了許願（813 張家華）、望著墜落的星（813 陳盈彤）、動也不敢動（813 張芳瑜）、等著挨罵（813 黃姿穎）。

Ｃ、在黑夜裡跳起踢踏舞（806 盧越峰）、期待再次發光（813 謝凱帆）、繼續等待（813 葉竑志）、聊起舊日的時光（813 張莘慈）。

乙、〈最難忘的一件事〉

十三歲生日那天，我做了一件令我非常難過的事。

當天一早，家人把我期待已久的法式蛋糕準備好，放在桌上，然後就出門去了。我心中雀躍不已，迫不及待想切來吃。忽然，從窗外飛進來一隻麻雀，又吹來一陣不尋常的風，不禁讓我打起噴嚏來。當我隨手抽了兩張衛生紙，解決一時的鼻癢，想找垃圾桶丟衛生紙時，卻又找不到垃圾桶，只好拿去馬桶把衛生紙團沖掉。我左手拿著蛋糕，右手拿著那兩團衛生紙，到廁所時，原本應該把衛生紙丟到馬桶裡，但不知怎麼了，我竟然把最愛的蛋糕——扔進馬桶裡，而衛

生紙團還留在右手裡！我當場楞在那裡，簡直不敢相信！我連一口、一口都還沒嘗到的昂貴蛋糕，就這樣糟蹋在我手上。我為蛋糕的處境感到同情，也為自己的行為感到懊惱。（806　盧越峰）

(3)引導與省思

在相關的課文、類文、因果類章法的定義、與美感特色等部分，都講解完畢後，發下「詩句填空」學習單，由老師先做範例的解說，闡釋每一首詩所形成的因果關係，再令學生試做其他三題。

在這一部分，學生們將第一題中如烏雲一般垂落而下的鬢髮，聯想成「一圈圈的漣漪」、與「瀑布的深淵」等，想像新穎而不落俗套；至於周好潔的「黑色的漩渦」，當是受到了原詩句的影響，沒有跳脫出原作的範圍，少了個人的想像，有點可惜。第二題的題材與學生的生活最為貼近，所以是三個題目中，整體表現最凸出的一題，而且，一點兒也不比原詩遜色。至於第三題，以盧越峰的「在黑夜裡跳起踢踏舞」，最有創意，兼具想像與聲響之美。（此三首的原詩句，分別是「一個好深好深的漩渦」、「等老師打手心」、「自己吟哦給自己聽起來了」。）

因為有了上一次「正反法」詩句填充的練習，這一次，學生有了更為新穎、有創意的詩句呈現。但若從整體的學習成果來看，學生在乙部分的表現，又比甲部分出色得多。例如盧越峰的〈最難忘的一件事〉，就是一篇相當典型的、呈現「先果後因」結構的文章，先提出事件的結果，引起讀者

極欲一窺究竟的的期待感，再娓娓道出整個事件發生的始末。越峰善用老師所教的因果法，把個人親身發生過的一件糗事，說得清楚而明白，也處理得十分有條理，令人讀來，不禁發出會心的微笑。因為無論是大人或小孩，像這一類的糗事，那可是人人心裡共有的記憶呀！

　　「因果」法，可說是「開化最早」的辭章寫作法，甚至可以上溯至甲骨文獻，因此，被廣泛地運用於文章章法上。這是由於因果聯繫是「客觀世界普通聯繫相互制約」的表現形式之一，因為任何一個或一些現象，都會引起另一個或另一些現象的產生；也就是說，任何現象的產生都是由其他現象所引起。因此，只要找到這樣的因果鏈，只要抓住這個樞紐，並對它加以深究、探源，即能找到創作的支撐點。而且，不管是由事情的「結果」，反推事情產生的「原因」；或是先歸出「結論」，再逐一疏說、闡述「前提」，它們都深具條分縷析、逐層深入、引發學生學習興趣的妙處。加上「因果」結構本身就符合人類的思考模式，是人人天生本就具有的邏輯思維能力，容易為學生所學習、仿效，所以十分適合用來訓練學生寫作。它不僅可提高學生的寫作信心，更可在原來的脈絡裡加深加廣，創造出更豐富多彩的教學內容。

第十章

凡目類章法

㈠凡目類章法概說

定義：「凡」，是總括；「目」，則是條分。在敘述同一類事、景、理、情時，運用了「總括」與「條分」來組織篇章的一種方式。

美感與特色：凡目法的形成，運用了「歸納」、或「演繹」的邏輯思維。其中，「先凡後目」，是先總說再分說，屬於演繹式思考；「先目後凡」，是由分說到總說，屬於歸納式思考；而「凡、目、凡」、或「目、凡、目」等變化結構，則是綜合運用了演繹與歸納兩種邏輯思維。「凡」具有統括的力量，有集中的美感；「目」具有並列的條分項目，因而有整齊美；「凡、目、凡」和「目、凡、目」，則具有對稱美。另外，運用了演繹、歸納的推理方式，神經活動會因省力而產生快感，神氣清而力量勝，由快感而生發整體的美感效果。

(二)課文分析

如沈復〈兒時記趣〉：

例文

　　余憶童稚時，能張目對日，明察秋毫。見藐小微物，必細察其紋理，故時有物外之趣。

　　夏蚊成雷，私擬作群鶴舞空，心之所向，則或千或百，果然鶴也。昂首觀之，項為之強。又留蚊於素帳中，徐噴以煙，使之沖煙飛鳴，作青雲白鶴觀，果如鶴唳雲端，為之怡然稱快。

　　又常於土牆凹凸處、花臺小草叢雜處，蹲其身，使與臺齊。定神細視，以叢草為林，蟲蟻為獸；以土礫凸者為丘，凹者為壑。神遊其中，怡然自得。

　　一日，見二蟲鬥草間，觀之，興正濃，忽有龐然大物，拔山倒樹而來，蓋一癩蝦蟆也。舌一吐而二蟲盡為所吞。余年幼，方出神，不覺呀然驚恐。神定，捉蝦蟆，鞭數十，驅之別院。

結構表

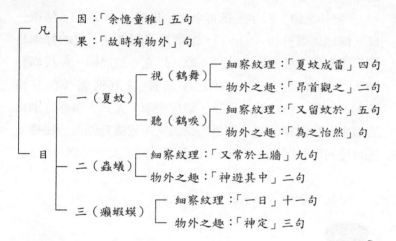

凡 ┬ 因：「余憶童稚」五句
　 └ 果：「故時有物外」句

目 ┬ 一（夏蚊）┬ 視（鶴舞）┬ 細察紋理：「夏蚊成雷」四句
　 │　　　　　│　　　　　└ 物外之趣：「昂首觀之」二句
　 │　　　　　└ 聽（鶴唳）┬ 細察紋理：「又留蚊於」五句
　 │　　　　　　　　　　　└ 物外之趣：「為之怡然」句
　 ├ 二（蟲蟻）┬ 細察紋理：「又常於土牆」九句
　 │　　　　　└ 物外之趣：「神遊其中」二句
　 └ 三（癩蝦蟆）┬ 細察紋理：「一日」十一句
　　　　　　　　└ 物外之趣：「神定」三句

說明

　　全文以「先凡（總括）後目（條分）」的方式寫成。首段以回憶之筆，由因而果，直接拈出「物外之趣」四字，作為一篇的綱領。接下來的二、三、四段，就分別以夏蚊、蟲蟻、蝦蟆為例，描述童年生活的物外之趣。

　　「目一」的部分，以一群蚊子為例，細察牠們的紋理，從視覺、聽覺兩方面著筆，分別把牠們比喻為「群鶴舞空」、「鶴唳雲端」，因而獲得「項為之強」、「怡然稱快」這種「物外之趣」。「目二」的部分，則是以土牆凹凸處的花草、蟲蟻為例，細察它（牠）們的紋理，因而獲得「怡然自得」這種「物外之趣」。「目三」的部分，則是以草間的二蟲與蝦蟆為例，細察牠們的紋理，把蝦蟆擬作龐然大物，舌頭

一吐就吞下二蟲，因而獲得「捉蝦蟆，鞭數十，驅之別院」這種「物外之趣」。

「物外之趣」四字，統貫全文。先總括（「凡」），然後一條一條地逐層分析（「目」），這就是演繹推理。它的好處是可「將全篇之意，先為總提一筆，以立一篇之綱，然後條分縷析，逐層寫去，以引申題中之義」（許恂儒《作文百法》）。如此，自然眉清目楚，事理明晰。尤其對事理特別需要引申、特別需要條分縷析的議論文，於篇首先做一總括，正可達到顯豁題旨的效果。（參考陳滿銘《文章結構分析》）

又如吳敬梓〈王冕的少年時代〉：

例文

元朝末年，出了一個嶔崎磊落的人。這人姓王名冕，在諸暨縣鄉村裡住。七歲上死了父親，他母親做點針黹供他到村學堂裡去讀書。

看看三個年頭，王冕已是十歲了，母親喚他到面前來說道：「兒啊！不是我有心要耽誤你，只因你父親亡後，我一個寡婦人家，年歲不好，柴米又貴，這幾件舊衣服和些舊傢伙，當的當了，賣的賣了，只靠我做些針黹生活尋來的錢，如何供得你讀書？如今沒奈何，把你雇在間壁人家放牛，每月可得幾錢銀子，你又有現成飯吃，只在明日就要去了。」王冕道：「娘說的是。我在學堂坐著，心裡也悶，不如往他家放牛，倒快活些。假如要讀書，依舊可以帶幾本書去讀。」

　　當夜商議定了，第二日，母親同他到間壁秦老家。秦老留著他母子兩個吃了早飯，牽出一條水牛來交與王冕，指著門外道：「就在我這大門過去兩箭之地，便是七泖湖，湖邊一帶綠草，各家的牛，都在那裡打睡。又有幾十棵合抱的垂楊樹，十分陰涼。牛要渴了，就在湖邊飲水。小哥！你只在這一帶玩耍，不可遠去。我老漢每日兩餐小菜飯是不少的，每日早上還折兩個錢與你買點心吃，只是百事勤謹些，休嫌怠慢。」他母親謝了擾，要回家去。王冕送出門來，母親替他理理衣服，口裡說道：「你在此須要小心，休惹人說不是。早出晚歸，免我懸念。」王冕應諾，母親含著兩眼眼淚去了。

　　王冕自此在秦家放牛，每到黃昏，回家跟著母親歇宿。或遇秦家煮些醃魚、臘肉給他吃，他便拿塊荷葉包了，回家孝敬母親。每日點心錢也不用掉，聚到一兩個月，便偷個空走到村學堂裡，見那闖學堂的書客，就買幾本舊書，逐日把牛拴了，坐在柳樹蔭下看。

　　彈指又過了三、四年，王冕看書，心下也著實明白了。那日正是黃梅時候，天氣煩躁，王冕放牛倦了，在綠草地上坐著。須臾，濃雲密佈，一陣大雨過了，那黑雲邊上鑲著白雲，漸漸散去，透出一派日光來，照耀得滿湖通紅。湖邊山上，青一塊，紫一塊，綠一塊；樹枝上都像水洗過一番的，尤其綠得可愛。湖裡有十來枝荷花，苞子上清水滴滴，荷葉上水珠滾來滾去。王冕看了一回，心裡想道：「古人說：『人在畫圖中』，實在不錯；可惜我這裡沒有一個畫工，把這荷花畫他幾枝，也

覺有趣。」又心裡想道：「天下哪有個學不會的事？我何不自畫他幾枝？」

自此聚的錢不買書了，託人向城裡買些胭脂、鉛粉之類，學畫荷花。初時畫得不好，畫到三個月之後，那荷花精神、顏色，無一不像。只多著一張紙，就像是湖裡長的，又像才從湖裡摘下來貼在紙上的。鄉間人見畫得好，也有拿錢來買的。王冕得了錢，買些好東西去孝敬母親。一傳兩，兩傳三，諸暨一縣，都曉得他是一個畫沒骨花卉的名筆，爭著來買。到了十七、八歲，也就不在秦家了，每日畫幾筆畫，讀古人的詩文，漸漸不愁衣食，母親心裡也歡喜。

結構表

```
┌ 凡：「元朝末年……諸暨縣鄉村裡住」
│        ┌ 先（七歲）：「七歲上死了……學堂裡去讀書」
│        │              ┌ 因：「看看三個……含著兩眼眼淚去了」
│   ┌ 中（十歲）┤
│   │          └ 果：「王冕自此……柳樹蔭下看」
└ 目 ┤
    │        ┌ 先（十三、四歲）：「彈指又過……爭著來買」
    └ 後 ┤
             └ 後（十七、八歲）：「到了十七八歲……心裡也歡喜」
```

說明

吳敬梓藉著王冕這個人物，寄託了他個人的理想；也由於描繪生動，成功塑造了真正有理想的讀書人的典型。因此，一開頭，他直接以「嶔崎磊落」四字形容王冕，做為貫

串全文的綱領；然後以情節與對話的交相運用，依時間的先後順序，分從孝親、與不慕榮利、淡泊自得的生活理想這兩條線索來凸顯王冕的「嶔崎磊落」。

「目」的部分，先點出王冕與母親相依為命的家庭背景，然後再藉著一連串的事件，來鋪陳渲染王冕的孝親與勤學。如此，既能從各方面對敘述的問題做深入的剖析，又能對全文做出總結，大大增強讀者對敘述對象的總體認識。作者採母子對話的方式，交代王冕少年生活發生轉變的原因、母親不得已的苦心、與王冕體貼母親的話語，以及母子兩人在秦老家的情景。吳敬梓藉著細膩的言語、動作，生動刻劃出秦老的忠厚親切、母親的難過不捨與憐愛之情。把醃魚臘肉拿回家孝敬母親，是孝心；存錢到學堂買書自修，是勤學；這些的行為表現，讓王冕「嶔崎磊落」的人格特色更具體化，也使整個故事更具形象化。最後兩段則是描述王冕學畫荷花的前因後果。在這裡，作者特別點明了王冕學畫的動機、自信、與毅力，暗示王冕在窮困的壓力之下，仍然不被環境屈服的精神；而學畫成功，得了錢，就孝敬母親的行為，又是與綱領相呼相應。

又如陳黎〈聲音鐘〉：

略。

結構表

```
┌─凡:「我喜歡那些像鐘一般準確出現的小販的叫賣聲」
│
│  ┌─靜:「我住的房子……裝了許多新的時鐘」
│  │
│  │        ┌─因:「那是因為走過那塊小小空地的小販的叫賣聲」
├─目│        │
│  │        │      ┌─早晨:「那塊小小的空地……鮮活有趣的旋律」
│  └─喧│  ┌─因─┼─下午:「過了下午……臺灣第一的」
│        │  │      └─風雨天:「碰到颱風下雨……也許又出現了」
│        └─果│
│                └─果:「這些聲音鐘……不可或缺的色彩」
│
└─凡:「我喜歡聽那些像鐘一般準確出現的小販的叫賣聲」
```

說明

　　全文採用「凡、目、凡」結構，第一段是「凡一」（總括一）的部分，開門見山直接點出作者喜歡這些像時鐘一般準確的小販的叫賣聲。「目」（條分）的部分，先描述生活發生轉變的原因，次依早晨、下午、風雨天等自然時序的推移，選擇幾種最具特色的叫賣聲加以摹寫，讓這些充滿趣味與變化的叫賣聲更具體化；然後再歸結出這些聲音鐘既顯現了時刻、日曆、月曆，與季節的推移，也為生活增添了不少的活力與色彩。末段則是「凡二」（總括二）的部分，再一次強調叫賣聲與生活的緊密結合，寫出作者的鍾愛之情與對鄉土的愛戀情懷。首尾呼應，圓融具足。

　　陳黎〈聲音鐘〉記錄了屬於這個時代的聲音，恰與夏丏尊〈幽默的叫賣聲〉筆下所記錄的二、三十年代的聲音，兩者呈現出截然不同的情趣。而「凡、目、凡」結構，在總說

中可以「立片言以居要」，作為一篇警策；在總結中又可以回顧全文，進行抽象的概括；在分說中則可以條分縷析，逐層深入，引發讀者的興味，令文章產生變化，極臻妙境。

又如梁實秋〈我愛鳥〉：

例文

我愛鳥。

從前我常見提籠架鳥的人，清早在街上遛達（現在這樣有閒的人少了）。我感覺興味的不是那人的悠閒，卻是那鳥的苦悶。胳膊上架著的鷹，有時頭上蒙著一塊皮子，羽翮不整地蜷伏著不動，那裡有半點瞵視昂藏的神氣？籠裡的鳥更不用說，常年的關在柵欄裡，飲啄倒是方便，冬天還有遮風的棉罩，十分地「優待」，但是如果想要「搏扶搖而直上」，便要撞頭碰壁。鳥到這種地步，我想牠的苦悶，大概是僅次於黏在膠紙上的蒼蠅；牠的快樂，大概是僅優於在標本室裡住著罷？

我開始欣賞鳥，是在四川。黎明時，窗外是一片鳥囀，不是吱吱喳喳的麻雀，不是呱呱噪啼的烏鴉。那一片聲音是清脆的，是嘹亮的。有的一聲長叫，包括著六七個音階；有的只是一個聲音，圓潤而不覺其單調；有時是獨奏，有時是合唱，簡直是一派和諧的交響樂。不知有多少個春天的早晨，這樣的鳥聲把我從夢境喚起。等到旭日高升，市聲鼎沸，鳥就沉默了，不知到那裡去了。一直等到夜晚，才又聽到杜鵑叫，由遠叫到近，由

近叫到遠，一聲急似一聲，竟是淒絕的哀樂。客夜聞此，說不出的酸楚！

在白晝，聽不到鳥鳴，但是看得見鳥的形體。世界上的生物，沒有比鳥更俊俏的。多少樣不知名的小鳥，在枝頭跳躍，有的曳著長長的尾巴，有的翹著尖尖的長喙，有的是胸襟上帶著一塊照眼的顏色，有的是飛起來的時候才閃露一下斑斕的花彩。幾乎沒有例外的，鳥的身軀都是玲瓏飽滿的，細瘦而不乾癟，豐腴而不臃腫，真是減一分則太瘦、增一分則太肥那樣地穠纖合度，跳盪得那樣輕靈，腳上像是有彈簧。看牠高踞枝頭，臨風顧盼，──好銳利的喜悅刺上我的心頭。不知是什麼東西驚動牠了，牠倏地振翅飛去，牠不回顧，牠不徘徊，牠像虹似地一下就消逝了，牠留下的是無限的迷惘。有時候稻田裡佇立著一隻白鷺，拳著一條腿，縮著頸子；有時候「一行白鷺上青天」，背後還襯著黛青的山色和釉綠的梯田。就是抓小雞的鳶鷹，啾啾地叫著，在天空盤旋，也有令人喜悅的一種雄姿。

自從離開四川以後，不再容易看見那樣多型類的鳥的跳盪，也不再容易聽到那樣悅耳的鳥鳴，只是清早遇到煙突冒煙的時候，一群麻雀擠在簷下的煙突旁邊取暖，隔著窗紙有時還能看見伏在窗櫺上的雀兒的映影。喜鵲不知逃到那裡去了？帶哨子的鴿子也很少看見在天空打旋。黃昏時偶爾還聽見寒鴉在古木上鼓噪，入夜也還能聽見那像哭又像笑的鷗鴞的怪叫。再令人觸目的就是些偶然一見的囚在籠裡的小鳥兒了，但是我不忍看。

結構表

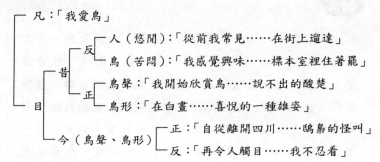

```
┌ 凡：「我愛鳥」
│              ┌─ 人（悠閒）：「從前我常見……在街上遛達」
│        ┌ 反 ┤
│        │    └─ 鳥（苦悶）：「我感覺興味……標本室裡住著罷」
│   ┌ 昔 ┤
│   │    │    ┌─ 鳥聲：「我開始欣賞鳥……說不出的酸楚」
│   │    └ 正 ┤
└ 目 ┤         └─ 鳥形：「在白晝……喜悅的一種雄姿」
    │              ┌ 正：「自從離開四川……鷗鷺的怪叫」
    └ 今（鳥聲、鳥形）┤
                     └ 反：「再令人觸目……我不忍看」
```

說明

　　梁實秋以有情的眼光，描述鳥的俊俏可愛。全文採「先凡（總括）後目（條分）」結構，以「我愛鳥」一句自成一段，點出題旨。底下再緊扣著這三個字，分從鳥的聲音與形體這兩條線索，述說自己愛鳥的心意。第二段寫籠中鳥的可憐與苦悶，除了呼應首段，更與下文中徜徉在大自然中的鳥的自在，形成對比。第三、四段，都是作者以豐富的想像力加上生動的取譬，以豐富而自然的辭彙，把握住了鳥聲的節奏、音質、與韻律等音樂性，與鳥喙、顏色、身軀、動作等形體神態，使得作者筆下的鳥兒，栩栩如生，宛若就飛翔鳴唱在讀者眼前，點染出一片鳥中世界。最後，則是融鳥聲、鳥形於一段，寫離開四川以後所見到的鳥的情景，最後以不忍看「籠中鳥」呼應第二段「鳥的苦悶」作結。（參考陳滿銘《國文教學論叢》）

又如吳均〈與宋元思書〉：

例文

　　風煙俱淨，天山共色，從流飄蕩，任意東西。自富陽至桐廬，一百許里，奇山異水，天下獨絕。水皆縹碧，千丈見底，游魚細石，直視無礙。急湍甚箭，猛浪若奔。夾岸高山，皆生寒樹。負勢競上，互相軒邈，爭高直指，千百成峰。泉水激石，泠泠作響；好鳥相鳴，嚶嚶成韻。蟬則千轉不窮，猿則百叫無絕。鳶飛戾天者，望峰息心；經綸世務者，窺谷忘返。橫柯上蔽，在晝猶昏；疏條交映，有時見日。

結構表

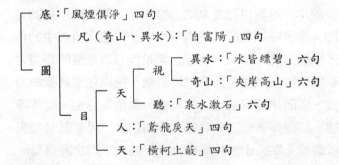

說明

　　這是一篇山水小品文，「風煙俱淨」四句，是「底」，用以凸出「自富陽至桐廬」的「奇山異水」。「圖」的部分，即

形成了「先凡後目」結構，分別以奇山、異水這兩軌來統括下文。

　　作者先從視覺的角度，具寫「水」之異與「山」之奇，寫水色、水中魚石、與湍浪，以及寒樹爭高直指的景象；再從聽覺的角度，具寫水聲、鳥聲、蟬猿聲等山聲之奇。接著以「鳶飛戾天」四句，抒寫自己面對「奇山異水」時所激發的感觸；其中，前二句是就「奇山」而寫，後二句則是就「異水」而寫，照應得極其周到。然後以「橫柯上蔽」四句，寫山樹（橫柯）之奇，以回應「夾岸高山，皆生寒樹」的「寒樹」作收。

　　由於這是一篇著重對偶、句數、聲律、與辭藻的駢文，以語句結構的平行和對偶為主要的特點。因此，它能將動與靜、聲與色、光與影、情與景、議與情巧妙地結合在一起 。寫水之「異」，則抓住水色、清澈的靜態之美和湍急的動勢之美；寫山之「奇」，則抓住山勢、山聲、山樹之奇，因此能成為膾炙人心的名文。（參考陳滿銘《文章結構分析》）

(三)延伸教學

1. 閱讀教學

　　如豐子愷〈楊柳〉（節選）：

例文

　　我讚楊柳美麗，但其美與牡丹不同，與別的一切花木都不同。楊柳的主要美點，是其下垂。花木大都是向上發展的，紅杏能長到「出牆」，古木能長到「參天」。向上原是好的，但我往往看見枝葉花果蒸蒸日上，似乎忘記了下面的根，覺得其樣子可惡；你們是靠它養活的，怎麼只管高踞在上面，絕不理睬它呢？你們的生命建設在它上面，怎麼只管貪圖自己的光榮，而絕不回顧處在泥土中的根本呢？花木大都如此。甚至下面的根已經被斷，而上面的花葉還是欣欣向榮，在那裡作最後一刻的威福，真是可惡而又可憐！楊柳沒有這般可惡可憐的樣子。它不是不會向上生長，它長得很快，而且很高；但是越長越高，越垂越低。千萬條陌頭細柳，條條不忘記根本，常常俯首顧著下面，時時借了春風之力，向處在泥土中著根本拜舞，或者和它親吻。好像一群活潑的孩子環繞著他們的慈母而遊戲，但時時依傍到慈母的身邊去，或者撲進慈母的懷裡去，使人看了覺得非常可愛。楊柳樹也有高出牆頭的，但我不嫌它高，為了它高而能下，為了它高而不忘本。

　　自古以來，詩文常以楊柳為春的一種主要題材。寫春景曰「萬樹垂楊」，寫春色曰「陌頭楊柳」，或竟稱春天為「柳條春」。我以為這並非僅為楊柳當春抽條的原故，實因其樹有一種特殊的姿態，與和平美麗的春光十分調和的原故。這種姿態的特點，便是「下垂」。不

然，當春發芽的樹木不知凡幾，何以專讓柳條做春的主人呢？只為別的樹木都憑仗了東君的勢力而拚命向上，一味好高，忘記了自己的根本，其貪婪之相不合於春的精神。最能象徵春的神意的，只有垂楊。

閱讀小站

（　）1. 自古以來，詩文常以楊柳做為春的一種主要題材，這是由於楊柳具備了那一個特點？①欣榮②美麗③下垂④拜舞。

（　）2. 豐子愷讚賞楊柳美麗，是因為楊柳的主要美點在「下垂」。而「下垂」最主要是象徵②謙虛②不忘本③孝順④光榮。

（　）3. 這一段文章，作者先以總括之筆，讚美楊柳的美麗，與別的一切花木的不同；再以「向上發展」的花木與「高而能下」的楊柳，依序加以說明。這是運用了那一種篇章修辭法？①先正後反法②先主後賓法③先點後染法④先凡後目法。

參考答案　1.（3），2.（2），3.（4）。

結構表

```
┌ 凡:「我讚楊柳美麗……是其下垂」
│        ┌ 反:「花木大都是向上……真是可惡而又可憐」
│        │       ┌ 因:「楊柳沒有這般可惡……高而不忘本」
│   因 ─ 正 ─┤
│        │       └ 果:「自古以來……便是下垂」
│ 目 ─┤
│        └ 反:「不然……不合於春的精神」
└ 果:「最能象徵春的神意的」二句
```

說明

　　〈楊柳〉引人入勝之處，就在於文意的迂迴婉曲。作者詠讚的是楊柳，卻又故意把筆宕開，以紅杏、古木做為反襯的對象，抒寫自己的特殊感受，凸顯楊柳「高而能下」、「高而不忘本」的「下垂」姿態來。這一段文章，採用「先凡後目」形式，先以總括之筆，讚美楊柳的美麗，與別的一切花木的不同；然後再以「向上發展」、「忘記了下面的根」、「可惡而又可憐」的花木，與「越長越高，越垂越低」、「條條不忘記根本」的楊柳，相互比較，產生對照的效果。讀者很自然地就會聯想到楊柳婆娑的形象，與楊柳所象徵的不忘本的精神，凸顯出一篇主旨來。宇裡行間，寄寓著深長的意蘊，尤其以一群活潑的孩子依偎在慈母胸懷的貼切比喻，把搖曳著枝條在春風中飛舞的楊柳，描寫得最為生動、最有情味，充分流露出豐子愷一貫細膩而真誠的筆調。

　　又如紀弦〈雕刻家〉：

例文

> 煩憂是一個不可見的
> 天才的雕刻家。
> 每個黃昏,他來了。
> 他用一把無形的鑿子
> 把我的額紋鑿得更深一些;
> 又給添上許多新的。
> 於是我日漸老去,
> 而他的藝術品日漸完成。

閱讀小站

(　)1. 紀弦〈雕刻家〉運用了「凡目」結構來安排這首
詩,請問他是以那幾行做為全詩的總括(凡)?①
一、二行②三、四行③五、六行④七、八行。

(　)2. 可以把人的額紋鑿得更多、更深的「一把無形的鑿
子」,應當是指①升學的壓力②生活的順逆③歲月
的風霜④工作的辛勞。

(　)3. 「我日漸老去」與「他的藝術品日漸完成」,「我」
與「藝術品」之間,形成了鮮明的對比,凸顯出想
要藝術創作的日益光亮,唯有①發揮想像與創造②
竭盡畢生的青春歲月③眾人的支持合作④機會的等
候　才能換取。

參考答案 ☞1.（1），2.（3），3.（2）。

結構表

```
┌─ 凡：「煩憂是一個不可見的」二行
│      ┌─ 因：「每個黃昏，他來了」四行
└─ 目 ─┤
       └─ 果：「於是我日漸老去」二行
```

說明

　　紀弦的詩多是有感而發，言之有物，陽剛與陰柔兼具，極富變化。這首寫於民國三十九年的〈雕刻家〉，應該就是詩人自己的素描。全詩採「先凡後目」結構，詩人藉「煩憂」開其端，拈出一篇綱領。「每個黃昏，他來了」，「他」（煩憂）拿著一把無形的鑿子，每天一點一滴地把詩人的額紋添新、加深。在這裡，詩人把「煩憂」的意象具體化了，傳神地描繪出詩人在歲月的風霜中日漸憔悴的形象。而「我日漸老去」與「他的藝術品日漸完成」，「我」與「藝術品」之間，既形成了鮮明的對照，在正反對比的映照中，也凸顯出想要獲得藝術創作的日益光亮，唯有竭盡畢生青春歲月才能換取的主旨來。

　　自從紀弦揭示現代詩的本質是「詩想」，是一種「構想的詩」，是「詩本身的幽思冥想」，是一種「純粹的思維發展」之後，對新詩產生了啟蒙式的影響，也產生了與二、三〇年代新詩相異的面貌。觀看此詩，篇幅雖短，但經過詩人一再的雕琢與反覆的推敲，節奏徐緩，意境清新，可說是一

首禁得起時間考驗、充滿「詩想」情趣的好詩。（參考張默
《小詩選讀》、羅青《從徐志摩到余光中》、仇小屏《章法新
視野》）

又如夏丏尊〈幽默的叫賣聲〉：

例文

　　住在都市裡，從早到晚，從晚到早，不知要聽到多
少種類多少次數的叫賣聲。深巷的賣花聲是曾經入過詩
的，當然富於詩趣，可惜我們現在實際上已不大聽到。
寒夜的「茶葉蛋」、「 細沙粽子」、「蓮心粥」等等，聲
音發沙，十之七八似乎是「老槍」的喉嚨，睏在床上聽
去頗有些淒清。每種叫賣聲，差不多都有著特殊的情
調。

　　我在這許多叫賣者中，發見了兩種幽默家。

　　一種是賣臭豆腐乾的。每日下午五六點鐘，弄堂口
常有臭豆腐乾擔歇著或是走著叫賣，擔子的一頭是油
鍋，油鍋裡現炸著臭豆腐乾，氣味臭得難聞。賣的人大
叫「臭豆腐乾！」「臭豆腐乾！」態度自若。

　　我以為這很有意思。「說真方，賣假藥」，「掛羊頭，
賣狗肉」，是世間一般的毛病，以香相號召的東西，實
際往往是臭的。賣臭豆腐乾的居然不欺騙大眾，自叫
「臭豆腐乾」，把「臭」作為口號標語，實際的貨色真是
臭的。言行一致，名副其實，如此不欺騙別人的事情，
怕世間再也找不出了吧！我想。

「臭豆腐乾！」這呼聲在欺詐橫行的現世，儼然是一種憤世嫉俗的激越的諷刺！

還有一種是五雲日升樓賣報者的叫賣聲。那裡的賣報的和別處不同，沒有十多歲的孩子，都是些三四十歲的老槍癮三，身子瘦得像臘鴨，深深的亂頭髮，青屑屑的煙臉，看去活像個鬼。早晨是不看見他們的，他們賣的總是夜報。傍晚坐電車打那兒經過，就會聽到一片發沙的賣報聲。

他們所賣的似乎都是兩個銅板的東西，如《新夜報》、《時報號外》之類。叫賣的方法很特別，他們不叫「剛剛出版××報」，卻把價目和重要新聞標題聯在一起，叫起來的時候，老是用「兩個銅板」打頭，下面接著「要看到」三個字，再下去是當日的重要的國家大事的題目，再下去是一個「哪」字。「兩個銅板要看到十九路軍反抗中央哪！」在福建事變起來的時候，他們就這樣叫。「兩個銅板要看到日本副領事在南京失蹤哪！」藏本事件開始的時候，他們就這樣叫。

在他們的叫聲裡任何國家大事都只要花兩個銅板就可以看到，似乎任何國家大事都只值兩個銅板的樣子。我每次聽到，總深深地感到冷酷的滑稽情味。

「臭豆腐乾！」「兩個銅板要看到×××哪！」這兩種叫賣者頗有幽默家的風格。前者似乎富於熱情，像個矯世的君子，後者似乎鄙夷一切，像個玩世的隱士。

閱讀小站

（　　）1. 夏丏尊〈幽默的叫賣聲〉與陳黎〈聲音鐘〉，記錄
　　　　　了每一個時代的聲音；而且他們所描寫的對象，都
　　　　　是①隱士②幽默家③小販者④藝術家。

（　　）2.「說真方，賣假藥」、「掛羊頭，賣狗肉」，是「喻
　　　　　依」，作者真正要表達的是①矯世而熱情②玩世而
　　　　　鄙夷③對欺詐現世的諷刺④冷酷的滑稽情味。

參考答案 ☞ 1.（3），2.（3）。

結構表

```
┌全：「住在都市裡……有著特殊的情調」
│      ┌─一（臭豆腐）：「我在這許多叫賣……憤世嫉俗的激越的諷刺」
│   ┌目┤
│偏─┤  └二（報紙）：「還有一種是五雲日升樓……冷酷的滑稽情味」
└   └凡：「臭豆腐乾……像個玩世的隱士」
```

說明

　　生活中各式各樣的叫賣聲，都是文學家妙手偶得的取材
對象，不僅可以入詩，也可以入文、入劇。〈幽默的叫賣
聲〉採「先全後偏」形式組成，先全面提出「從早到晚，從
晚到早，不知要聽到多少種類多少次數的叫賣聲」，然後再
偏重到賣臭豆腐乾和賣報紙這兩種幽默的叫賣聲。首先是以
簡省的筆調描寫賣臭豆腐乾的，從賣臭豆腐乾的「言行一

致」、「名副其實」聯想到「說真方，賣假藥」、「掛羊頭，賣狗肉」的社會通病，凸顯作者機敏的觀察與深刻的思考，並發出針砭時弊的議論。其次是以冷峻的筆調，勾勒了一群亂髮青臉、枯瘦得像個鬼的「老槍癮三」的賣報者形象，與一種深況的情味。最後則是以總筆收攏，以熱情矯世的君子、玩世的隱士做為比喻，對兩種叫賣者的形象，作一個高度的總結。

因此，「偏」的部分，以「先目後凡」形式構成，也是全文的主體所在。先條分，然後在篇末作個總括，這種組合思想材料的作法，有逐步引人入勝、豁然開朗、畫龍點睛的優點，在古今文人的作品裡，相當常見。

2. 寫作教學

(1)寫作練習

甲、聲音收納箱

請你以生活中最常聽見的一種小販的叫賣聲，做為觀察的對象，根據提示（也可以再加以發揮），收集資料。

時　間	
地　點	
男（女）主角	年紀： 相貌（特徵）： 身材（衣著）： 其他：
發燒品（賣的東西）	

特　色 （如色、香、味等）	
場　景 （四周景況）	
叫賣方式	
叫賣聲模擬	
心情廣場 （歡迎附上照片）	

乙、類文仿作

我們若把陳黎〈聲音鐘〉一文的作法，加以分析，對於作者的取材與布局，可以得到更明確的掌握，並進而學習與效法。其結構表為：

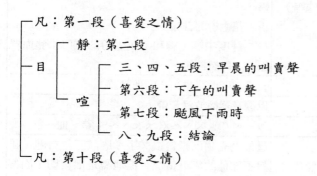

```
┌ 凡：第一段（喜愛之情）
│      ┌ 靜：第二段
│      │      ┌ 三、四、五段：早晨的叫賣聲
├ 目 ─┤      ├ 第六段：下午的叫賣聲
│      └ 喧 ─┤ 第七段：颱風下雨時
│             └ 八、九段：結論
└ 凡：第十段（喜愛之情）
```

請你根據所收集的資料，自訂一個適當的題目，並依「凡、目、凡」結構，寫一篇五百字左右的文章。

(2)學生作品

甲、聲音收納箱

時　　間	約每天下午四點左右
地　　點	明德國小對面
男（女）主角	年紀：45 歲上下 相貌（特徵）：中年男子，身高約 160 公分，體重約 60 公斤。 身材（衣著）：戴著帽子，長袖長褲，外罩一件下廚用的圍裙。
發燒品（賣的東西）	豬血糕
特　　色 （如、香、味等）	色：黑色豬血糕，外面一層土黃的花生粉加辣醬。 香：花生粉的香味。 味：辣度中等，調和了花生粉的膩口；豬血糕很 Q，口感極佳。
場　　景	有三、四個學生，正向他購買。
叫賣方式	以擴音器播放錄音帶
叫賣聲模擬	ㄅㄧ～ㄏㄨㄟㄟ～ㄍㄨㄟㄟ～；豬～血～糕。
心情廣場 （歡迎附上照片）	這位老先生已經賣很久了，應該五年有吧。雖然不知他的經濟情況，但他總是很親切，面帶笑容。可惜最近較少看到他。 小技巧：豬血糕小的 10 元，大的 15 元；但兩種其實差距不大。30 元買 3 枝小的，會比買 2 枝大的划算。

（804　林博智）

乙、類文仿作

〈都市中的寧靜角落〉

　　熟悉的叫賣聲，又從都市中一個寧靜的角落傳出。我喜歡聆聽，也喜歡吃這位老先生所賣的豬血糕。

　　以明德國小為中心，四周的住家，賣豬血糕的老先生大概都會經過，一邊推著擔子，一邊叫賣著：「豬血糕～！豬血糕～！」台語一遍，國語一遍。大約在下午四點以後，正值中小學放學時段，所以最棒的販賣位置就在明德國小對面。靠在明德路旁，跟他買的學生還真不少。

　　每當我走路回家，總是會經過他的攤子。他會對你說一句話，但我聽了幾十次都還聽不懂，不確定是台語還是國語。可是我不在乎，像這種時候，就放棄自己的耳朵，相信眼睛吧！兩目相交，從他的眼神中可以看見他的親切、真誠，和對自己產品的自信。

　　價錢是這樣的：小的 10 元，大的 15 元。其實啊！仔細看看大小，你會發現其中的差距不大。所以花 30 元買三枝小的，會比買二枝大的划算唷！吃了一口，味道口感都不錯，之前那自信的眼神果然可信。我一直覺得英文把「錢」設定成「不可數」很奇怪，現在我才知道，錢並不只是單純的銅板鈔票而已。就意念上說，它本是很抽象的；若從實際角度上來看，我花了 30 元買豬血糕，其實不僅僅只是買了三枝豬血糕而已，我也買到了都市中少有的溫情。

　　在都市中的寧靜角落，熟悉的聲音從巷子傳出來。只要留心諦聽，一定可以發掘不少的人生體會。（804　林博智）

(3)引導過程

　　陳黎〈聲音鐘〉一文，選擇了生活中幾種最具特色的小販的叫賣聲來加以摹寫，不僅寫出作者的鍾愛之情與對鄉土的愛戀情懷，也記錄了屬於這個時代的聲音。而這恰與夏丏尊〈幽默的叫賣聲〉筆下所記錄的二、三十年代的聲音，呈現出截然不同的情趣。而先總說、然後分說、最後再加以總結的「凡、目、凡」結構，又容易為學生所學習、仿效，所以十分適合用來訓練學生寫作。

　　在課文、類文、凡目類章法的定義，與美感特色等部分，都講解完畢後，發下「聲音收納箱」學習單，由老師講解觀察的重點與技巧，令學生利用課餘時間，進行實地觀察與思索的工作，並告知下次寫作的時間。第二次上課時，老師先檢查學習單的寫作情形，再令學生自訂一個恰當的題目，在課堂上將所收得的資料，化為一篇合乎「凡、目、凡」結構旳文章。如林博智選擇以每日放學途中都會遇到的「賣豬血糕的老先生」，做為他觀察的對象，分從販賣的聲音（第二、三段）、品嚐的感受（第四段）兩方面，加以摹寫；並以「叫賣聲」和「吃（體會）」，貫串首尾。

　　由於這一次的主題，是觀察小販的叫賣聲，新鮮又有趣，聽完老師所交代的應注意事項後，學生們臉上那種躍躍欲試的神情立即顯現了出來。結果，有人以傳統菜市場裡的賣油飯的阿伯仔、賣衣服的歐巴桑為觀察的對象；也有三五好友相約於星期假日的夜晚，特意到有名的士林夜市逛了一圈，挑選自己最中意的叫賣者加以觀察。有人細心地以錄音

機錄下了叫賣聲，連同學習單一起交了上來；還有女生鼓起勇氣，上前實地訪問這些叫賣者，聽聽他們述說叫賣的技巧與汗水背後的心情，並在學習單上附上她們與叫賣者的合照。回到教室裡，更因為有事前的親身體驗，提起筆來，也就「有話可說」，下筆流利多了。

　　就「類文仿作」部分來說，學生多能依據老師的提示，按步就班地完成，具足應該要有的結構形式；可以想見的，如果在不同種類的章法中多幾次這樣的訓練，學生寫作的「自覺」會越發敏銳，邏輯思維的能力也會更為精敏，這樣不僅有助於國語文科的閱讀與寫作，更能推擴至其他事物的學習與組織上，其影響可謂深遠。

　　若說這是一次學生沒有皺起眉頭來完成的教學設計，那可是一點兒也不為過。因為，有誰會不喜歡「寓學於樂」、「寓學於吃」的課程設計呢！

參考書目

㈠專書（以作者姓氏筆劃為序）

仇小屏　文章章法論　萬卷樓圖書股份有限公司　1998

仇小屏　篇章結構類型論　萬卷樓圖書股份有限公司　2000

仇小屏　章法新視野　萬卷樓圖書股份有限公司　2001

仇小屏　放歌星輝下──中學生新詩閱讀指引　三民書局股份有限
　　公司　2002

仇小屏　詩從何處來──新詩習作教學指引　萬卷樓圖書股份有限
　　公司　2002

仇小屏　世紀新詩選讀　萬卷樓圖書股份有限公司　2003

仇小屏、藍玉霞、陳慧敏、王慧敏、林華峰　小學「限制式寫作」
　　之設計與實作　萬卷樓圖書股份有限公司　2003

布裕民、陳漢森　寫作語法修辭手冊　中華書局（香港）　1992
　　初版、2001 再版

成偉鈞、唐仲揚、向宏業　修辭通鑑　建宏出版社　1996 初版

朱光潛　談文學　專業文化出版社　1989

朱作仁、祝新華　小學語文教學心理學　上海世紀出版集團、上海
　　教育出版社　2001.5 一版、2001.7 二刷

江錦玨　詩詞義旨透視鏡　萬卷樓圖書股份有限公司　2001

周元　小學語文教育學　華東師範大學出版社　1992

周武忠　中國園林藝術　臺灣中華書局　1993 一版

林景亮　評註古文讀本　臺灣中華書局　1969 臺一版

侯吉諒等　徐志摩　海風出版社　1993 三版

侯吉諒等　朱自清　海風出版社　1992

范曉雯、郭美美、陳智弘、黃金玉　新型作文瞭望台　萬卷樓圖書
　　股份有限公司　2001

夏薇薇　文章賓主法析論　文津出版社　2002

張法　中西美學與文化精神　淑馨出版社　1998

張春榮　修辭新思維　萬卷樓圖書股份有限公司　2001 初版

張春榮　作文新饗宴　萬卷樓圖書股份有限公司　2002 初版

張春興、林清山　教育心理學　臺灣東華書局股份有限公司　1990

張紅雨　寫作美學　復文圖書出版社　1996 初版

張默　小詩選讀　爾雅出版社　1988

許恂儒　作文百法　廣文書局　1985 再版

陳佳君　國中國文義旨教學　萬卷樓圖書股份有限公司　2004

陳望道　美學概論　文鏡文化事業公司　1984

陳滿銘　作文教學指導　萬卷樓圖書股份有限公司　1994

陳滿銘　國文教學論叢　萬卷樓圖書股份有限公司　1994

陳滿銘　國文教學論叢續編　萬卷樓圖書股份有限公司　1998

陳滿銘　詞林散步——唐宋詞結構分析　萬卷樓圖書股份有限公司
　　2000

陳滿銘　文章結構分析　萬卷樓圖書股份有限公司　1999

陳滿銘　章法學論粹　萬卷樓圖書股份有限公司　2002

陳滿銘　章法學綜論　萬卷樓圖書股份有限公司　2003

陳滿銘　蘇辛詞論稿　文津出版社　2003

陳滿銘主持　國家考試國文科專案研究報告　考選部　2002

陳龍安　創造思考教學的理論與實際　心理出版社有限公司　1988

喻守真　唐詩三百首詳析　臺灣中華書局　1995 臺二十三版

彭聃齡主編　普通心理學　北京師範大學出版社　2001 二版、
　　2003 十五刷

黃永武　詩與美　洪範書店　1987 四版

黃永武　中國詩學——鑑賞篇　巨流圖書公司　1976 初版

黃慶萱　修辭學（增訂三版）　三民書局　1975 初版、2002 增訂
　　三版

楊辛、甘霖　美學原理　曉園出版社　1991

董奇　兒童創造力發展心理　五南圖書有限公司　1995

蓉子　青少年詩國之旅　業強出版社　1990 初版

蒲基維、涂玉萍、林聆慈　散文新詩義旨古今談　萬卷樓圖書股份
　　有限公司　2002

劉坡公　學詩百法　天山出版社　1988

劉熙載　藝概　金楓出版社　1998 一版

劉勵操　寫作方法一百例　萬卷樓圖書股份有限公司　1993 初版

劉蘭英、吳家珍、楊秀珍　漢語表達　廣西教育出版社　2001

蔡宗陽　應用修辭學　萬卷樓圖書股份有限公司　2001 初版、
　　2002 二刷

蔡宗陽　修辭學探微　文史哲出版社　2001 初版

蕭蕭　青少年詩話　爾雅出版社　1991

蕭蕭　現代詩遊戲　爾雅出版社　2001

賴慶雄、楊慧文　作文新題型　螢火蟲出版社　1997

賴慶雄　新型作文贏家　螢火蟲出版社　1999

羅青　從徐志摩到余光中　爾雅出版社　1988 十一印

羅貫中著、毛宗崗批、饒彬校注　三國演義　三民書局　2001 初
　　版

近十年聯考試題解析（國文科）　薪橋出版社　未標明出版年月

㈡期刊論文

仇小屏　非傳統作文命題探析　人文及社會學科教學通訊（雙月
　　刊）　十二卷四期　頁 91-130　2001

李坤崇　人性化、多元化教學評量——從開放教育談起　多元教學
　　評量　頁 91-134　1998

陳滿銘　談幾種非傳統的作文命題方式　國文天地　九卷十一期
　　頁 46-65　1994

陳滿銘　論幾種特殊的章法　國文學報　三十一期　頁 175-204
　　2002

黃秀霜　九年一貫課程中語文領域多元化評量之研發　九年一貫課
　　程新思維　頁 341-371　2001

鄭博真　台灣地區寫作及其教學研究的回顧與展望　民國以來國民
　　小學語文課程教材教法學術研討會論文集　頁 69-86　1999

國家圖書館出版品預行編目資料

國中國文章法教學 ／仇小屏、黃淑貞合著. --
　初版. -- 臺北市：萬卷樓, 2004[民 93]
　面；　　公分

參考書目：面

ISBN 957－739－500－7(平裝)

1.中國語言－作文 2.中等教育－教學法

524.313　　　　　　　　　　　93016800

國中國文章法教學

著　　　者：仇小屏、黃淑貞

發 行 人：許素真

出 版 者：萬卷樓圖書股份有限公司

　　　　　臺北市羅斯福路二段 41 號 6 樓之 3

　　　　　電話(02)23216565．23952992

　　　　　傳真(02)23944113

　　　　　劃撥帳號 15624015

出版登記證：新聞局局版臺業字第 5655 號

網　　　址：http://www.wanjuan.com.tw

E －mail　：wanjuan@tpts5.seed.net.tw

承 印 廠 商：晟齊實業有限公司

定　　　價：200 元

出 版 日 期：2004 年 10 月初版

ISBN 957－739－500－7